Marc Fabian Buck
Ökonomisierung der Bildung

Neue Politische Ökonomie der Bildung

Herausgegeben von Thomas Höhne

Im Unterschied zu den Bildungsreformen der 1960er Jahre sind die postdemokratischen Bildungsreformen seit etwa 30 Jahren durch eine ökonomische Logik von Wettbewerb, Vermarktlichung und Individualisierung gekennzeichnet. Hierbei treten Bildung, Staat/Politik, Ökonomie und Gesellschaft in neues Verhältnis zueinander, aus dem sich zahlreiche Fragen und Probleme ergeben, denen in der vorliegenden Reihe nachgegangen werden soll: Formen der bildungspolitischen De- und Reregulierung von Bildung • Effekte von Bildungsmärkten • Die zunehmende bildungs-politische Bedeutung von Akteuren wie OECD und Stiftungen • Technologisierung und Rationalisierung von Macht und Kontrolle von Bildung • Bildungsreformen und die Reproduktion sozialer Ungleichheit.

Marc Fabian Buck

Ökonomisierung der Bildung

Eine Einführung

BELTZ JUVENTA

Der Autor

Dr. phil. Marc Fabian Buck vertritt derzeit die Professur für Allgemeine Bildungswissenschaft an der FernUniversität in Hagen. Seine Forschungs- und Lehrschwerpunkte umfassen Transformationen der Gesellschaft und der Pädagogik (Ökonomisierung, Digitalisierung), Phänomenologische Erziehungswissenschaft, Reformpädagogik sowie Politische Bildung.

Dieses Buch ist erhältlich als:
ISBN 978-3-7799-7792-6 Print
ISBN 978-3-7799-7793-3 E-Book (PDF)

1. Auflage 2024

in der Verlagsgruppe Beltz · Weinheim Basel
Werderstraße 10, 69469 Weinheim

Herstellung: Hanna Sachs
Satz: xerif, le-tex
Druck und Bindung: Beltz Grafische Betriebe, Bad Langensalza
Beltz Grafische Betriebe ist ein klimaneutrales Unternehmen (ID 15985–2104-100)
Printed in Germany

Weitere Informationen zu unseren Autor:innen und Titeln finden Sie unter: www.beltz.de

Für Frieda

Inhalt

Vorwort des Reihenherausgebers

Das Verhältnis der Pädagogik zur Ökonomie ist zwiespältig und lässt sich in Anlehnung an die Psychoanalyse als eine Art doppelte Rationalisierung beschreiben: Zum einen wurde und wird die Bedeutung der ökonomischen Dimension von Pädagogik oftmals *verkannt oder verdrängt* und als sekundär gegenüber dem eigentlichen pädagogischen Gegenstand (Bildung, Erziehung) eingestuft und damit (weg-)rationalisiert. Zum anderen wäre einzuwenden, dass moderne Bildungsinstitutionen stets auch ökonomischen Bedingungen unterworfen sind und ökonomische Prinzipien und Logiken zu den Strukturbedingungen gesellschaftlicher und mithin auch pädagogischer Praktiken gehören (Zeitökonomie, Bildungsfinanzierung, Arbeitsmarktqualifikationen, meritokratische Selektion usw.).

Als eine neue Form der Reaktionsbildung bzw. reaktante Gegenreaktion lässt sich nun seit den 1990er Jahren eine Art Wiederkehr des Verdrängten, also der verdrängten Ökonomie in Pädagogik und Erziehungswissenschaft beobachten, aber unter umgekehrten Vorzeichen einer erneuten Rationalisierung: Denn der Ökonomie wird nun die Bedeutung eines *alternativlosen Reform- und Fortschrittsinstruments* zugedacht, die als Voraussetzung für eine vermeintlich notwendige Modernisierung des ‚alten' staatszentrierten Bildungssystems erachtet wird. Hierbei wird der alte ‚Vater Staat' einschließlich der Bildungsreformen der 1960er Jahre der egalitären Prinzipien als anachronistisch kritisiert und politisch sowie wissenschaftlich gleichsam ‚abgewickelt'. Ökonomie (als neue Über-Vater-Figur) und ökonomische Prinzipien wie Markt und Wettbewerb werden als unabdingbar für die Entwicklung des Bildungssystems propagiert, das zukünftig auf Leistungsdifferenz und soziale Distinktion ausgerichtet werden soll. Nicht umsonst wird diese als Innovation apostrophierte Umstellung als neofeudale Privatisierung von Bildung und eine Wiederkehr des Bildungsprivilegs wahrgenommen (Walgenbach, 2017), wodurch die Bedeutung von Bildung als öffentliches Gut im öffentlich-politischen Bewusstsein abwertet wird.[1]

In diesem Rahmen stellt die interdisziplinäre Debatte zur Ökonomisierung einen reflexiven Versuch dar, die übergreifende Bedeutungszunahme ökonomischer Prinzipien in unterschiedlichen gesellschaftlichen Feldern theoretisch zu erklären und kritisch zu beleuchten. Dabei zeigt sich auch, dass eine allgemeine Abwehrhaltung gegenüber ‚der Ökonomie' kein alleiniges Charakteristikum

---

1 Vgl. Einige grundlegend kritische Überlegungen dazu mit Materialien, Glossartexten und vertiefenden Thematisierungen des Verhältnisses von Bildung als öffentlichem oder privatem Gut finden sich unter https://bildungalsoeffentlichesgut.fernuni-hagen.de.

der Pädagogik ist, sondern aus allgemeingesellschaftlichen „Verdrängungen des Ökonomischen“ (Bongaerts, 2008) resultiert und damit auf ein gesellschaftspolitisches Symptom hinweist. Denn es handelt sich um ein grundlegendes Paradox der Verdrängung der Ökonomie in einer auf ökonomischen Verwertungs- und Tauschprinzipien beruhenden Gesellschaft(sformation) – eben der „kapitalistischen Gesellschaft“, deren gesellschaftliche Institutionen strukturell *auch* (wenn natürlich nicht alleine!) durch wirtschaftliche Prinzipien und Instrumente wie Geld, Markt, Wettbewerb und Effizienz charakterisiert sind.

Das Konzept der Ökonomisierung geht von der Kernthese einer Vereinseitigung gesellschaftlichen Handelns zugunsten ökonomischer Prinzipien, Ideen und Motive aus. Daher ist es das erklärte Ziel einer kritischen Ökonomisierungsforschung, die unterschiedlichen Formen und vielfältigen Ausprägungen ökonomisierender Veränderungen in den ganz unterschiedlichen nicht-ökonomischen Feldern wie Medien, Gesundheit, Religion oder Bildung zu analysieren. Hierzu gehören Formen organisierter Konkurrenz und Wettbewerb in Schule, Universität und Arbeit genauso wie im Freizeitbereich und generell in sozialen Beziehungen, was Jürgen Habermas bereits Anfang der 1980er Jahre als „Kolonialisierung der Lebenswelt“ durch wirtschaftliche und auch bürokratische Logiken bezeichnet hat. Augenfällig wird dies u. a. an der konsumistischen Durchdringung aller sozialen Bereiche und Beziehungen, die zu einer Veränderung von Handlungsnormen und sozialen Institutionen führt (vgl. Höhne, 2020). Dies lässt sich aktuell politisch im Kampf um das Auto beobachten, der in der politischen Auseinandersetzung zu einem Akt legitimer Besitzstandswahrung und persönlicher Erwerbsfreiheit, also einem ‚Freiheitskampf‘ stilisiert wird, während dringende gesellschaftspolitische Anliegen wie die Bewältigung des Klimawandels in gleichem Maße delegitimiert, politisch konterkariert (Abschaffung der Sektorziele für Emissionsgrenzen) und deren FürsprecherInnen kriminalisiert werden (KlimaaktivistInnen). „Ökonomie first!“, so ließe sich das Prinzip politisch forcierter Ökonomisierung in Anlehnung an das chauvinistische Motto eines „America first“ formulieren, was zudem den genuinen Zusammenhang beider Politikprinzipien unterstreicht.

Der Ökonomisierungsdiskurs unternimmt es, die Beschränkungen der funktionalen Perspektive der Ökonomie bzw. den instrumentellen Rückgriff auf ökonomische Instrumente zur Umgestaltung von Bildung und Politik kritisch zu reflektieren und die sozial(politischen) Folgekosten in ‚Rechnung zu stellen‘. Denn diese werden in Regel ökonomisch externalisiert und politisch privatisiert zulasten öffentlicher Finanzierung und staatlicher Verantwortung. Insofern bringt der kritische Ökonomisierungsbegriff die gesellschaftspolitische Einbettung wieder zum Bewusstsein, der die moderne und zumal globalisierte Ökonomie immer unterliegt.

Dass Bildung von dieser Entwicklung nicht unberührt bleibt, zeigt der folgende einführende sowie vertiefende Text von Marc Fabian Buck, der die kritische Ökonomisierungsdiskussion in mehrfacher Hinsicht bereichert. Zum einen beleuchtet er aspektreich die vielen Formen und Facetten von Ökonomisierung in unterschiedlichen Bildungsbereichen und legt damit eine differenzierte und gleichwohl gut lesbare Übersicht über Ansätze, Problembereiche und Fragen zur Ökonomisierung als übergreifendem ‚Megatrend' vor. Zum anderen illustriert er auch anschaulich anhand vieler Beispiele die dramatischen Veränderungen in den unterschiedlichen Bildungsfeldern und -institutionen einschließlich Ihrer sozialen Effekte, die stets damit verbunden sind.

Mit der vorliegenden umfassenden und theoretisch profunden Einführung leistet der Autor einen wertvollen Beitrag zu Verständnis, Ausmaß und möglichen destruktiven Effekten, die als Folge der neoliberalen Reformierung des gesamten Bildungsfeldes entstehen bzw. schon entstanden sind. Und es wird deutlich (gemacht): Es handelt sich nicht um selbsttreibende und geschichtlich unabwendbare Veränderungen, sondern politische Auseinandersetzungen und Kämpfe, die diesem Transformationsprozess zugrunde liegen.

Thomas Höhne im Juli 2023

1 Einleitung

Diese Einführung nahm ihren Anfang als Studienbrief für den Bachelor-Studiengang Bildungswissenschaft an der FernUniversität in Hagen, wo dieser seit dem Wintersemester 2021/2022 zum Einsatz kommt. Das zugehörige Modul 1B in der Studieneingangsphase ist übertitelt mit *Bildung und Gesellschaft*. Folglich nimmt auch dieses Schriftstück eine mitunter bildungssoziologische und – spezifischer – auf Ungleichheit abhebende Perspektive ein. Für die Drucklegung bei Beltz Juventa wurde das Manuskript behutsam überarbeitet und aktualisiert, am didaktischen Aufbau jedoch nichts verändert. Sie finden demnach im Anschluss an jeden Abschnitt einige Reflexionsfragen, die zur weiterführenden und vertieften Beschäftigung mit den jeweiligen Gegenständen und Blickwinkel einladen bzw. herausfordern. Als solches versteht sich diese Einführung als geeignet für Bachelor-Studierende wie für Schülerinnen und Schüler der Sekundarstufe II. Sie variiert drei verschiedene Theorieperspektiven, mit denen Prozesse der Ökonomisierung fassbar gemacht werden können: Schimank & Volkmann, Bourdieu sowie Foucault & Bröckling. Zuvor erfolgt eine begriffliche Klärung der Grundbegriffe. Im letzten Teil der Einführung wird die Ökonomisierung verschiedener pädagogischer Felder veranschaulicht.[2]

Ein Grund für die Veröffentlichung dieser Schrift liegt neben anderen darin, dass seit Höhne (2015a) kein einführendes Werk in diesem Themenkreis veröffentlicht wurde. Es scheint eine bemerkenswerte Diskrepanz zwischen der Omnipräsenz des Phänomens und verhältnismäßig geringer wissenschaftlicher Thematisierung sowie curricularen Verankerung vorzuliegen (vgl. Abschnitt 1.4). Vor diesem Hintergrund ist es kein Zufall, dass diese Veröffentlichung im Modus des Open Access erfolgt. Im Bewusstsein des Einführungscharakters des Vorliegenden soll hiermit in aller Deutlichkeit die Aufforderung zum Weiterlesen erfolgen. Das gilt auch und vor allem für all die Schriften der geschätzten Kolleginnen und Kollegen, die hier nicht eingehend besprochen werden, sondern teilweise hinter kurzen Verweisen, Fußnoten und Andeutungen verschwinden.

2 Ausdrücklich danken möchte ich an dieser Stelle Thomas Höhne, der zur Publikation in seiner Buchreihe eingeladen hat und diese mit seinem Herausgebervorwort kontextualisiert. Auch gilt mein Dank Frank Engelhardt für die Betreuung des Buchprojektes seitens des Verlags sowie Nina Buzengeiger für ihre kritische und genaue Durchsicht des Manuskripts. Auch möchte ich Katharina Walgenbach danken, ohne die diese Einführung nicht existieren würde sowie Christoph Baumann, der in der Lehre die entsprechende Lerneinheit betreut und mit einigen Hinweisen für sprachliche und begriffliche Präzisierung gesorgt hat. Pia Klein vom Justitiariat der FernUniversität danke ich für die unkomplizierte Abwicklung zur Genehmigung des Wiederabdrucks.

Über Bildung und Gesellschaft zu sprechen, bedeutet zwangsläufig auch, über die ökonomischen Bedingungen zu reden, die *in* unserer und *für* unsere Gesellschaft allgegenwärtig sind. Es macht einen Unterschied, ob Bildungssysteme in kommunistischen oder kapitalistischen Wirtschaftssystemen existieren. In gleicher Weise ist begründet zu vermuten, dass es Unterschiede gibt zwischen Bildungssystemen in radikal kapitalistischen Gesellschaften und in solchen, in denen das Sozialstaatsprinzip die Verantwortung für institutionalisierte Bildung der öffentlichen Hand überantwortet. Für die erstgenannten wären die USA oder Großbritannien naheliegende Beispiele, in denen etwa die Privatschulquote sehr viel höher liegt als in Deutschland oder in den skandinavischen Staaten (vgl. Koinzer & Leschinsky, 2009). Hinzu kommt, dass hierzulande eher von einer hybriden Finanzierung des Privatschulbereichs unter enormer Subventionierung durch die öffentliche Hand gesprochen werden müsste (vgl. Lohmann, 2010; Liesner, 2011).

Um uns den Zusammenhängen politischer, ökonomischer und pädagogischer Bedingungsfaktoren von Bildung und Gesellschaft zu nähern, erscheint es sinnvoll, zunächst eine begriffliche Klärung sowohl von Bildung als auch von Ökonomisierung vorzunehmen.

1.1 Zwei Grundbegriffe: Bildung und Ökonomisierung

Der Begriff der Bildung lässt sich sowohl im soziologischen Sinne verstehen als auch in einem pädagogischen. Soziologisch bedeutet Bildung Teilhabe am Bildungssystem einer Gesellschaft. Über Bildung zu verfügen, wird demnach üblicherweise gemessen am höchsten erreichten Bildungsabschluss oder an der Dauer des Besuchs von Bildungseinrichtungen. So lassen sich auf allen drei soziologischen Ebenen (Mikro-, Meso-, Makroebene) Analysen und Vergleiche anstellen. Innerhalb der Soziologie ist es die *Bildungssoziologie*, die sich bspw. Fragen nach der Durchlässigkeit und Effizienz von Bildungssystemen stellt, den späteren gesellschaftlichen und individuellen Nutzen von Bildungszertifikaten zu antizipieren versucht, Geschlechterunterschiede und Herkunftseffekte im Schulerfolg misst usw. (vgl. Becker, 2009).

Im pädagogischen Sinne bedeutet Bildung jedoch seit der Antike etwas anderes. In einem stark individuellen Sinne werden unter Bildung eine Veränderung oder Transformation des Menschen, üblicherweise zum Besseren, verstanden. Diese Veränderung wird spätestens seit Wilhelm von Humboldts Fragment *Theorie der Bildung des Menschen* (Humboldt, 1960) präzisiert hinsichtlich des *Selbst- und Weltverhältnisses*. Bildende Prozesse setzen ein Lernen voraus, übersteigen dieses aber aufgrund der Kraft dieser Veränderung. Wenn wir einen bildenden Prozess durchlaufen haben – und das können wir immer erst im Nachhinein feststellen –, haben wir nicht nur unser Verhältnis zur Welt geändert, sondern auch das zu uns selbst. In den vergangenen 200 Jahren, seit Humboldts grundlegender Schrift, gab es immer wieder Versuche, den Bildungsbegriff theoretisch präziser und auf unsere Lebensverhältnisse angepasst zu bestimmen. Andreas Dörpinghaus, ein Würzburger Erziehungswissenschaftler, spricht bspw. von der „Realisierung und Verfeinerung unserer begrifflichen Fähigkeiten in hermeneutischen Praxen der Aneignung von Welt" (Dörpinghaus, 2015, S. 466f). Als aktuelle und die Tradition sorgfältig berücksichtigende Neufassung einer Bildungstheorie gilt die Theorie transformatorischer Bildung des Hamburger Erziehungswissenschaftlers Hans-Christoph Koller (2010; 2011). Er hebt die *Krisen* hervor, die uns zu Transformationen veranlassen, und argumentiert mit Pierre Bourdieu, dass durch die relative Stabilität gesellschaftlicher Verhältnisse diese zunächst unwahrscheinlich sind. Es stellt sich demnach die Frage, wann individuelle Problemkonstellationen ernst und krisenhaft genug sind, sodass aus ihnen entspringend Bildungserfahrungen gemacht werden können (vgl. Koller, 2010, S. 292f).[3]

In unserem Fall verstehen wir Bildung nicht nur als soziologische Messgröße,[4] sondern als elementaren Teil pädagogischen Denkens und Handelns und gehen somit über die zählend-beschreibende Ebene hinaus. Wenn wir uns der Ökonomisierung der Bildung nähern, betrachten wir mehreres zugleich: ökonomische Transformationen gesellschaftlicher Institutionen des Bildungssystems (Makroebene), Bildungseinrichtungen (Mesoebene) wie auch individueller, *bildender* Erfahrungen (Mikroebene).[5]

Ökonomisches Handeln ist in pädagogischer Praxis immer schon als notwendiger Umgang mit Knappheit enthalten. So sind die finanziellen Mittel jeder pädagogischen Einrichtung und aller Handelnden begrenzt, ebenso wie die zeitlichen und räumlichen Ressourcen. Wie wir privat haushalten müssen,[6] so müssen auch pädagogische Strukturen und Handlungen an den zur Verfügung stehenden Mitteln ausgerichtet sein oder einem zu erreichenden Bildungsziel die dazu notwendigen Mittel zugeteilt werden (vgl. Oelkers, 1997). Diese zwei ökonomischen Prinzipien gehören zur wirtschaftlichen Grundbildung. Soll ein Ziel mit minimalem Aufwand erreicht werden, so spricht man vom *Minimalprinzip*; sollen die verfüg-

3 Dieser äußerst knappe Abriss kann und soll selbstverständlich nicht die eingehende Lektüre von Bildungstheorien und ihrer Geschichte ersetzen. Hierzu seien empfohlen: Adorno, 1959; Baumgart, 2007; Borst, 2016; Hastedt, 2012; Horkheimer, 1985; Liessmann, 2006; Rieger-Ladich, 2020; Tenorth, 2020.

4 Wer sich dafür interessiert, wird in den zweijährig erscheinenden Reports der Bildungsberichterstattung fündig. Sie können diese und die ihnen zugrunde liegenden Daten auf https://www.bildungsbericht.de einsehen.

5 Auch kann und soll es hier nicht um volkswirtschaftliche Erwägungen gehen, die Investitionen in Bildungssysteme ihrem späteren Nutzen gegenüberstellen, vgl. hierzu einführend Wößmann, 2015.

6 Der deutsche Begriff des Haushaltens hat, wie viele grundlegende Begriffe menschlicher Praxis, seinen Ursprung im Griechischen. Das Wort Oikos (οἶκος) heißt übersetzt Haushalt oder Gehöft, die Ökonomie hat dort ihren etymologischen Ursprung.

baren Mittel zu einer Nutzenmaximierung führen, so spricht man vom *Maximalprinzip*.

Was aber bedeutet dann *Ökonomisierung von Bildung*, wenn ökonomische Prinzipien schon immer in pädagogischer Praxis enthalten sind? Zunächst einmal setzt das Suffix *-ung* in Ökonomisierung voraus, dass sich etwas verändert. In der Sprachwissenschaft spricht man von kontinuativen Wörtern. Dies wiederum bedeutet, dass sich das in der Veränderung befindliche (in unserem Fall: Bildung) noch nicht (vollständig) ökonomisiert hat und somit vom Ökonomischen prinzipiell unterscheidbar ist. Mit anderen Worten: Die Praxis der Wirtschaft ist nicht die Praxis der Bildung und umgekehrt.

1.2 Pädagogik als einzigartige gesellschaftliche Praxis

Der Philosoph Eugen Fink entwickelte in der zweiten Hälfte des 20. Jahrhunderts eine sozialphänomenologische Annäherung an unterschiedliche Handlungsfelder (Praxen) innerhalb der modernen Gesamtgesellschaft (Tab. 1). Diese sind das Spiel, Herrschaft / Macht / Technik, Arbeit, Liebe, Tod und Erziehung. Jede Praxis zeichnet sich durch bestimme Bezüge und Aufgaben aus. Die Aufgabe der Erziehung (und Bildung) ist es, dem Menschen Zugänge zur Welt zu ermöglichen und im Modus des Fragens die Öffnung gegenüber Anderen und der Welt aufrechtzuerhalten (vgl. Böhmer, 2002; Fink, 1970).

Tabelle 1: Gesellschaftliche Praxen nach Fink (2018)

Gesellschaftliche Praxen					
Ästhetische	**Politische**	**Tätig-kulturelle**	**Geschlechtliche**	**Zeitliche**	**Pädagogische**
Spiel	Herrschaft, Macht, Technik	Arbeit	Liebe	Tod	Erziehung

Auch Dietrich Benner (2015) greift in seiner Konzeption einer Allgemeinen Pädagogik Finks Unterscheidung auf und verweist auf die relative Autonomie einzelner Praxen sowie auf ihr nichthierarchisches Verhältnis zueinander. Das bedeutet, dass in einer freien Gesellschaft, wie in Tabelle 1 abgebildet, keine Praxis über einer anderen stehen und deren jeweilige Handlungslogik beeinflussen soll. Eugen Finks sozialphänomenologisches Modell ist nur ein Beispiel dafür, wie man sich der Tatsache annähern kann, dass unsere Gesellschaft nach bestimmten Kriterien, z. B. Handlungsformen, differenzierbar ist.

In der soziologischen Systemtheorie spricht Niklas Luhmann von sozialen Systemen, die sich nicht in den Handlungen, sondern in ihrer Funktion für die

Gesellschaft und die Menschen unterscheiden. Diese sind: Wissenschaft, Politik, Wirtschaft, Kunst, Religion, intime Beziehungen, Erziehung, Recht und Familie (vgl. Luhmann, 1987). Es herrscht also zwischen verschiedenen Gesellschaftstheorien Uneinigkeit darüber, wie viele soziale Teilbereiche es gibt und wie sie voneinander unterschieden werden können. Wir sehen aber in beiden Fällen, dass Pädagogik bzw. Erziehung und Wirtschaft/Ökonomie gemeinhin als verschiedene Teile der Gesellschaft begriffen werden. Sie unterscheiden sich offenbar in ihren Handlungen (Fink) wie auch in ihren Funktionen (Luhmann). Wie auch bei Benner, sind gesellschaftliche Systeme bei Luhmann im Grundsatz autonom – ein Umstand, der offenbar in Gefahr steht, wenn von der *Ökonomisierung der Bildung* die Rede ist.

Zugleich liegt in der Auseinandersetzung mit diesem Konflikt die Chance, die „Pädagogizität" (Heitger, 1999), also das Eigentümliche pädagogischen Denkens und Handelns, präziser zu benennen und schärfer von anderen gesellschaftlichen Praxisformen zu differenzieren. In unserem Fall bedeutet das: Wie gestaltet sich die Differenz zwischen pädagogischem und ökonomischem Denken und Handeln, wenn in pädagogischen Kontexten doch schon immer ökonomisch gedacht und gehandelt werden musste? Worin lassen sich (unaufhebbare) Unterschiede in pädagogischen und ökonomischen Funktionslogiken benennen? Wie lässt sich die Ökonomisier*ung* von Bildung verstehen – als Annäherung, als Vermittlung, als feindliche Übernahme oder gar als Einladung durch die Pädagogik?[7]

1.3 Verwicklungen von Bildung, Ökonomie und Politik

Mit dem Bremer Soziologen Uwe Schimank gesprochen ist jedenfalls eine Sorge vor der Ökonomisierung des „Nicht-Ökonomischen" (Schimank, 2018) zu konstatieren; sein Münchner Kollege Richard Münch spricht in Anlehnung an den militärisch-industriellen Komplex bereits vom „bildungsindustriellen Komplex" (Münch, 2018). Auch in der Tradition der Frankfurter Schule bzw. Kritischen Erziehungswissenschaft ist von der „Bildungsindustrie" (Bernhard et al., 2018) die Rede. Dies mag zunächst nach einer starken Übertreibung oder einem unangemessenen Vergleich klingen. Führt man sich jedoch die Veränderungen der letzten Jahre und Jahrzehnte im Bildungssystem vor Augen, so ist nicht nur in Deutschland festzustellen, dass es zu einer Veränderung der Einflussgrößen auf Bildungsinstitutionen gekommen ist. Hier handelt es sich um ein weltweit

7 Johannes Bellmann (2001b) beschreibt eine Differenz zwischen diesen Erklärungsansätzen *faktischer Dominanz* ökonomischer Funktionslogiken und solchen, die eine Ökonomisierung des *Diskurses* in den Mittelpunkt stellen. Aus heutiger Sicht ist diese Unterscheidung m. E. nicht aufrechtzuerhalten. Eher kann und muss die Verwobenheit von Diskurs und gesellschaftlichen Praxen vorausgesetzt werden (vgl. die Abschnitte 2.3 und 3.4).

festzustellendes Phänomen (vgl. Hartong et al., 2018; Steiner-Khamsi & Waldow, 2012). Nicht mehr nur die öffentliche Hand bzw. ihre Bürokratie steuert und regelt das Bildungswesen; immer mehr private Akteure in Form von Unternehmen, Verbänden, Stiftungen und supranationalen Organisationen nehmen direkt oder indirekt Einfluss auf die pädagogische Praxis und ihre rechtlich-politischen Rahmenbedingungen (vgl. Höhne, 2015b). Dies ist inzwischen sogar zum politischen Programm geworden: Im Zuge der Digitalisierung sollen private Dienstleister eine größere Rolle spielen „bei Ausstattung, Betrieb und Lehrmaterialien" (BMBF, 2016, S. 6) und „passende [...] Geschäftsmodelle" (ebd., S. 15) gleich mitliefern.[8]

Bereits im Zusammenhang mit der 68er-Bewegung wurde von der „Kommodifizierung" aller Lebensbereiche gesprochen, also der warenförmigen Transformation von allem (vgl. Polanyi, 1973) – womit es zwangsläufig auch zur Ökonomisierung der Bildung kommen muss.[9] In heutigen kritischen Positionierungen wird der *Neoliberalismus* im weiteren Sinne als politisch-ideologische Quelle dieser Entwicklung genannt. Er beschreibt ein Wirtschaftssystem, in dem Märkte möglichst frei von staatlichem bzw. politischem Einfluss existieren und wirken sollen. In seiner extremen Ausformung fordert er gar die Verteidigung des freien Marktes durch den Staat. Somit steht der Neoliberalismus im dauerhaften Spannungsverhältnis zur *sozialen Marktwirtschaft*, in der es prinzipiell gesellschaftliche Bereiche gibt (etwa Bildung und Gesundheit), die durch Gesetze und Verordnungen stark reguliert werden, mithin also keiner (reinen) Marktlogik unterliegen. Es scheint in jedem Fall sehr unterschiedliche Verhältnisbestimmungen zwischen ökonomischem und pädagogischem Denken und Handeln zu geben, einen „Dualismus im Problemaufriss" (Bellmann, 2001b, S. 394) gilt es aber in jedem Fall zu vermeiden.

1.4 Ökonomisierung der Bildung als Thema der Erziehungswissenschaft

Handelt es sich bei der Ökonomisierung der Bildung um ein konjunkturelles oder ein Dauerthema? Es gab in der Vergangenheit durchaus Bemühungen mit dem Anspruch, das Verhältnis vom Ökonomischen zum Pädagogischen systematisch und historisch einzuholen (vgl. exemplarisch Bellmann, 2001a; Krüger & Olbertz, 1997), vor allem aber ab der Jahrtausendwende – mit Beginn der PISA-Erhebungen im Jahre 2000 – ist ein stark gestiegenes Interesse und damit ein Anstieg

8 Eine präzise Netzwerkanalyse der beteiligten Stiftungen, Verbände usw. hat die Hamburger Erziehungswissenschaftlerin Annina Förschler (2018) vorgenommen.

9 Thomas Höhne (2012; 2023) differenziert zwischen *Kapitalisierung*, *Kommodifizierung* und *Privatisierung* als voneinander zu unterscheidenden Prozessen und Beschreibungen von Ökonomisierung – diese werden wir hier vorerst gemeinsam verhandeln.

in den Publikationen zu dem Thema festzustellen (vgl. exemplarisch Bellmann, 2001b; Hoffmann & Maak-Rheinländer, 2001; Lohmann & Rilling, 2002; Pongratz, 2000), welches zwischenzeitlich stagnierte und nun, in den 2020ern, seine Wiederkehr feiert (vgl. Walgenbach, 2019).[10]

Im Jahr 2002 schrieben Ingrid Gogolin und Thomas Rauschenbach treffend: „Es ist modern geworden und scheint unaufhaltsam, dass Normen und Prozeduren aus dem Feld der Ökonomie in den Sektor ‚Bildung und Soziales' vordringen" (Gogolin & Rauschenbach, 2002, S. 179) und dass in der Folge eine stärkere Zuwendung „erziehungswissenschaftliche[r] Theoriebildung und Forschung" zum „Problem der Kommerzialisierung des öffentlichen Sektors" (ebd., S. 182) erfolgen solle.[11] Im Jahr 2005 formierte sich unter dem Ereignisnamen der „Frankfurter Einsprüche gegen die Ökonomisierung des Bildungswesens" Widerstand gegen laufende Bildungsreformen, ausdrücklich auch gegen die Behandlung des Bildungssystems „nach betriebswirtschaftlichen Mustern" sowie die Umstellung von Studiengängen auf das Bachelor-Master-System und gegen die damit einhergehende Technokratisierung und Ökonomisierung des Bildungssystems (Frost, 2006).[12] Die fünf Hauptthesen der Gruppe sind im grauen Kasten abgebildet, eine vollständige Fassung inkl. Erläuterungen zu jeder These finden Sie bei Gruschka et al., 2006 oder als archivierte Sicherung des ursprünglichen Protestpapieres.[13]

---

10 Es gab, nota bene, zugleich das erstaunliche Phänomen einer seit den 1950er-Jahren bestehenden erziehungswissenschaftlichen Subdisziplin der *Bildungsökonomie*, deren Diskurs jedoch lange von der Erziehungswissenschaft abgekoppelt verlief und erst in den 1990er-Jahren zu ihr zurückfand. Sie beschäftigt sich nicht nur mit dem volkswirtschaftlichen Nutzen von Bildung im soziologischen Sinne, sondern auch mit der Steuerung von Bildungssystemen und ihren Praktiken nach ökonomischen Maßgaben (vgl. Weiß, 2002) – ein Thema, das mit dem Einzug des sog. Neuen Steuerungsmodells (NSM) zu Beginn des Jahrtausends wieder aktuell geworden ist (vgl. Fuchs, 2008).

11 In loser Reihenfolge erschienen weitere Themenhefte und Sammelbände, etwa 2016 in historischer Perspektive zur *Validität der Kritik einer zunehmenden Ökonomisierung der Pädagogik* (Fuchs et al., 2016).

12 Aus der zweiten Tagung der Gruppe an der Universität Köln im Jahr 2010 ist dann die Gesellschaft für Bildung und Wissen (GBW) hervorgegangen – eine Fachvereinigung, die sich im weiteren Sinne als kritisches Korrektiv gegen die laufenden Bildungsreformen versteht. Vgl. https://www.bildung-wissen.eu.

13 https://web.archive.org/web/20160910015545/http://bildung-wissen.eu/wp-content/uploads/2010/06/Thesen10.pdf.

Das Bildungswesen ist kein Wirtschafts-Betrieb!

Fünf Einsprüche gegen die technokratische Umsteuerung des Bildungswesens

1. Wir wenden uns gegen die Illusionen einer alle politischen Parteien übergreifenden Bildungspolitik, die das Bildungssystem nach betriebswirtschaftlichen Mustern in den Griff zu bekommen sucht.
2. Wir widersprechen der völlig irreführenden Behauptung, bei der gegenwärtigen Umorganisation der Bildungsinstitutionen gehe es um mehr Autonomie von Schulen und Hochschulen.
3. Wir halten es für einen folgenschweren Irrtum, wenn behauptet wird, Erziehungswissenschaft erfülle ihren öffentlichen Auftrag nur dann, wenn sie unmittelbar verfügbare und kurzfristig nutzbare Ergebnisse für Politik und Praxis zeitige.
4. Wir protestieren gegen die weitere Aushöhlung von universitären Studiengängen – insbesondere auch in der Lehrerausbildung – durch ihre zunehmende Verschulung.

Wir widersprechen der vorherrschenden Meinung, die Festlegung und Durchsetzung von Leistungsstandards zur Überprüfung von Basiskompetenzen sei ein geeignetes Mittel, um der demokratischen Forderung nach größtmöglicher Gleichheit der Bildungschancen Genüge zu tun.

Die Wirkungen solcher Protestaktionen – auf die Politik, die Erziehungswissenschaft sowie die pädagogische Praxis – sind schwer einzuschätzen. Als erfreuliche Entwicklung innerhalb der Erziehungswissenschaft darf in jedem Fall gelten, dass das Thema langsam in verschiedene universitäre Curricula Einzug hält und so hoffentlich dazu beiträgt, dass Sie als Studierende eines erziehungswissenschaftlichen Studiengangs eine höhere Aufmerksamkeit und Sachkenntnis für die Kontroversen und Probleme im Spannungsfeld zwischen Pädagogik und Ökonomie entwickeln als es bei vielen Absolventinnen und Absolventen vor Ihnen der Fall war.

In der derzeitigen pädagogischen Praxis scheint sich bereits ein ökonomisch geprägtes Vokabular durchgesetzt zu haben.[14] So wird in schulischen wie außerschulischen Zusammenhängen von (disruptiven) „Innovationen" (vgl. kritisch Schneider, 2006) gesprochen, von „Optimierungen" und „Change Management" (vgl. kritisch Graupe, 2018). In der Schulpädagogik stehen „agile Didaktik" und die Organisation schulischer und unterrichtlicher Abläufe nach Maßgabe des

14 Der Hamburger Erziehungswissenschaftler Thomas Höhne hat mit dem *Glossar Ökonomisierung von Bildung* (GLOEB) eine im Internet verfügbare Sammlung von Beiträgen herausgegeben, die sich in kritischer Manier mit Stichworten des Ökonomisierungsdiskurses und den hinter ihnen stehenden Konzepten beschäftigen. Derzeit (Juni 2023) befindet sich die Sammlung in Überarbeitung und soll zeitnah wieder verfügbar sein. Eine Sicherung der alten Webseite aus dem Jahre 2018 befindet sich im sog. Internet Archive: https://web.archive.org/web/20180404110430/http://www.gloeb.de/index.php?title=Glossar.

privatwirtschaftlichen Projektmanagements, wie ‚Scrum', ‚Kanban' und ähnlicher Konzepte (vgl. Chott, 2020a; 2020b; Mittelbach, 2020), hoch im Kurs. Diese Konzepte schließen sich problemlos an die Idee des ‚selbstorganisierten Lernens' (SOL) der vergangenen Jahrzehnte an (vgl. Linden, 2018). Auch die Kritik an der ‚Kompetenzorientierung', also der Umsteuerung des Bildungssystems auf eine Output-Logik, hebt auf diese (ökonomisch motivierte) Umformung des Verständnisses des Bildungssystems und die gesellschaftlichen Erwartungen daran ab. Im schulischen Kontext bedeutet Output-Logik, dass nicht mehr nur Lehrpläne und Unterrichtsstoff in den Unterricht hineingegeben werden, sondern dass von nun an am Ende eines Schuljahres ein Produkt in Form eines bestimmten Kompetenzniveaus, bspw. im Lesen, erreicht werden soll. Dabei wird jedoch vergessen, dass pädagogisches Handeln nur in absoluten Ausnahmefällen einem Herstellungsprozess in einem Handwerksbetrieb oder einer Fabrik gleicht (vgl. Buck, 2015). Welche Folgen hat ein solches Welt- und Menschenbild für pädagogisches Handeln, wenn Unterrichtseinheiten und Adressaten pädagogischen Handelns zu Klienten und Projekten werden? Welche erziehungswissenschaftlichen Problemfelder der vergangenen Jahre werden dabei vergessen, etwa Geschlechterdifferenzen und die Reproduktion von Vorurteilen gegenüber (teils mehrfach) diskriminierten Teilen unserer Gesellschaft? Diesen und weiteren Fragen werden wir uns im Verlauf der Einführung nähern.

Es wird deutlich, dass wegen der Verschränkung technischer, ökonomischer, politischer und soziologischer Einflüsse ein rein erziehungswissenschaftlicher Zugang der Komplexität des Gegenstandes nicht gerecht wird. Angesichts der Einbettung dieser Einheit in das Modul *Bildung und Gesellschaft* werden vornehmlich soziologische Theorien herangezogen, um die gesellschaftliche Relevanz und Tragweite der vermuteten oder befürchteten Transformation zu untersuchen. Vorkenntnisse der Soziologie sind dafür nicht notwendig – es erfolgt eine Einordnung und Einführung der jeweiligen Referenzen an entsprechender Stelle.

Dem in dieser Einleitung skizzierten Themenkreis nähern wir uns in einem Zweischritt: Erstens sollen verschiedene Theorieperspektiven auf und Definitionen von und Zugänge zu Ökonomisierung variiert werden (Abschnitt 2). Mitgängig werden im zweiten Abschnitt zentrale Definitionen geliefert und Grundlagenwissen verhandelt, weswegen dieser etwas länger ist als die folgenden Abschnitte und Voraussetzung für das darauf Folgende ist. Nun kann es sein, dass die vielen theoretischen Begriffe (in *kursiver Schrift* gesetzt) und Konzepte Sie zunächst etwas herausfordern. Sie können in einem solchen Fall auch erst mit der Lektüre des Abschnitts 3 beginnen und dann zurückkehren. Im letzten Teil werden verschiedene beispielhafte Ökonomisierungsprozesse pädagogischer Praxisfelder von der Elementarpädagogik über die Schule und Hochschule bis zur Erwachsenenbildung und Sozialpädagogik dargestellt.

Zu guter Letzt noch einige Hinweise zum Umgang mit dieser Einführung: Es findet sich hierin eine Vielzahl an Verweisen auf fachwissenschaftliche Literatur.

Um eine Überforderung damit zu vermeiden, sind im Literaturverzeichnis am Ende einige Einträge fett gedruckt. Diese sind besondere Empfehlungen zur weiteren Lektüre. Des Weiteren finden sich Prüf- und Rückfragen am Ende der jeweiligen Abschnitte, einerseits um eine Sicherung des Gelesenen vorzunehmen, andererseits um weitergehende Diskussionen – mit Kommilitoninnen und Kommilitonen, im beruflichen Zusammenhang, als mögliche Themen für Haus- und Abschlussarbeiten – anzustoßen. Mit anderen Worten: Lassen Sie sich von den vielfältigen Referenzen inspirieren, aber nicht überfordern!

Fragen zur Reflexion der Einleitung

1. In welchem Zusammenhang stehen Wirtschaft und Bildung innerhalb einer Gesellschaft?
2. Wieso sollte man sich als Pädagogin oder Pädagoge mit diesem Zusammenhang beschäftigen?
3. Wie lässt sich Pädagogik von anderen gesellschaftlichen Praxen/Handlungsfeldern abgrenzen?
4. Seit wann findet innerhalb der Erziehungswissenschaft eine Beschäftigung mit Fragen der Ökonomisierung statt?
5. Welche Anzeichen gibt es für die voranschreitende Ökonomisierung der Bildung?

2 Definitionen und theoretische Zugänge zur Ökonomisierung

An der Überschrift dieses Abschnitts lässt sich bereits ablesen, dass es keine einheitliche, unumstrittene Theorie der Ökonomisierung gibt. Vielmehr existieren diverse Zugänge, Operationalisierungen und damit Definitionen parallel und zeitgleich (vgl. Höhne, 2023). Sie alle stehen in bestimmten theoriegeschichtlichen Zusammenhängen, die mitgängig mit den nun folgenden Positionen in Kürze vorgestellt werden sollen. Drei davon werden etwas ausführlicher behandelt, da diese ggf. in Ihrem weiteren Studium wiederkehren werden. Daran anschließend werden zwei neuere kritische Zugänge vorgestellt, allerdings etwas weniger umfangreich.

2.1 Uwe Schimank und Ute Volkmann: Die Ökonomisierung des Nicht-Ökonomischen

Die Bremer Soziologen Ute Volkmann und Uwe Schimank begründen ihre Analyse der Ökonomisierung im gesellschaftstheoretischen Modell Niklas Luhmanns. Dieser hat eine Theorie von Gesellschaft vorgelegt, die diese als System inklusive verschiedener Untersysteme begreift und folglich *Systemtheorie* genannt wird. Im Zentrum der Betrachtung stehen die Funktionsweise der einzelnen sozialen Systeme, sodass man Luhmann in die Theorietradition des Strukturfunktionalismus einordnen kann. Es sind also nicht primär die Handlungen Einzelner, die aus Sicht einer solchen Theorie interessieren, sondern Strukturen als Voraussetzungen und Ergebnisse menschlichen Handelns zugleich. Dieses „Ordnungsmuster funktionaler Differenzierung" (Schimank & Volkmann, 2017, S. 22) ist nicht nur laut Luhmann, sondern auch nach Schimank & Volkmann Merkmal moderner Gesellschaften.[15] Zugleich, so die deutliche Wortwahl der beiden, hat diese Gesellschaftsordnung „eine kapitalistische Wirtschaft hervorgebracht [...], die den Rest der Gesellschaft gleichsam mit Geldfragen tyrannisiert" (ebd.). Wir werden uns diesem Themenkomplex in mehreren Schritten nähern.

---

15 Strukturtheorien haben verschiedene Nachteile im Hinblick auf kleinteilige Differenzierung, sodass bspw. Analysen zur Geschlechterungleichheit nur über Umwege, mithin mittelbar, zur systemtheoretischen Analysekategorie werden können. Als seltenes Gegenbeispiel vgl. Weinbach, 2004.

2.1.1 Die fragmentierte Moderne und gesellschaftliche Sphären

Wichtig ist hier die Benennung der Moderne als Epoche, die einerseits geistesgeschichtlich aus der Aufklärung und der französischen Revolution (1789), andererseits ökonomisch aus der Industrialisierung (ab etwa 1760) hervorgegangen ist. Beides, die Ablösung von einer absolutistisch-kirchlichen Weltdeutung und Gesellschaftsordnung sowie die Arbeitsteilung der neuen Form des Wirtschaftens, trägt zu einer Fragmentierung und Unübersichtlichkeit moderner Gesellschaften bei, die Schimank und Volkmann im Anschluss an den Soziologen Max Weber als „Pluralität von Wertordnungen" (ebd., S. 23) kennzeichnen. Jeder Teilbereich einer modernen Gesellschaft, jede gesellschaftliche Sphäre folgt dabei einer eigenen ‚Werteordnung', verfügt über einen bestimmten ‚Leitwert' und bringt bestimmte ‚Produkte' hervor. Im Journalismus bspw. erfolgt idealiter eine Berichterstattung, die alle Seiten beleuchtet und der interessierten Öffentlichkeit so neutral, wie es Sprache erlaubt, präsentiert. Das Rechtssystem bemüht sich um Rechtssicherheit, indem es rechtliche Normen für neue gesellschaftliche Problemstellungen diskutiert und fixiert. Und das Bildungssystem orientiert sich an der namengebenden Norm der Bildung.

Die Hervorbringung dieser Produkte ist jedoch keine, die ausschließlich den Interessen und Werten der eigenen Sphäre entspringt. Vielmehr gibt es Anforderungen von denen, die als Abnehmer dieser Produkte zu Kunden werden. Eine Politikerin etwa hat großes Interesse an einem journalistischen Beitrag, der sie in gutem Lichte dastehen lässt (und damit das Neutralitätsgebot journalistischen Arbeitens verletzt), Automobilhersteller wünschen sich Gesetze und herrschende Meinungen, die ihre Praktiken sprachlich wie juristisch bagatellisieren („Schummelsoftware"), statt sie als das zu benennen und bewerten, was sie sind (Betrug).

Diesen externen Erwartungen steht eine Verabsolutierung der eigenen Leitwerte gegenüber. In einer solchen Situation bemisst sich die Leistungserbringung ausschließlich und allein an den eigenen Leitwerten. Volkmann und Schimank sprechen hier von einem „Tunnelblick" (ebd., S. 25). In der Realität – und damit eine arbeitsteilige Gesellschaft überhaupt funktioniert – gibt es in der modernen Gesellschaft konstant Konflikte zwischen inneren Leitwerten und äußeren Anforderungen. Zugleich hat sich in der Moderne ein gewisser ‚Fortschrittsglaube' etabliert, der eine Steigerung der Leistungserbringung jeder gesellschaftlichen Sphäre unfraglich erwartet und voraussetzt; wohlgemerkt ungeachtet der tatsächlich erbrachten gegenwärtigen Leistung.

2.1.2 Wirtschaft als gesellschaftliche Sphäre

Der Leitwert der ökonomischen Sphäre ist die Gewinnerzielung und -steigerung; in ihr geht es um „Fragen des Geldverdienens und -sparens" (Schimank, 2018,

S. 4). Die Leistung der Wirtschaft als gesellschaftlicher Sphäre ist ambivalent: Einerseits hat sie es überhaupt ermöglicht, dass nicht mehr ein großer Teil der Menschheit in der Landwirtschaft tätig ist und sich kraft seiner Handlungen um das tägliche Brot kümmern muss. Die dadurch ermöglichte Arbeitsteilung lässt uns für geringe Beträge mehr Lebensmittel und andere Produkte erwerben als in der gesamten Menschheitsgeschichte zuvor – zumindest, wenn man Teil der westlichen Wohlstandsgesellschaft ist.

Die „dunkle […] Seite der kapitalistischen Wirtschaft" (Schimank & Volkmann, 2017, S. 29) zeigt sich dann aber in der Durchsetzung eines ‚ökonomischen Tunnelblicks'. Fast jede gesellschaftliche Praxis kann ökonomisch analysiert und optimiert werden, auch diejenigen, die nicht zur Wertschöpfung beitragen, die also Geld kosten. Dazu gehören Sozialsysteme, das Gesundheitssystem und natürlich auch das Bildungssystem. In allen drei Bereichen wird eine Leistung erbracht (Deckung der Lebenshaltungskosten, Gesunderhaltung der Bevölkerung, Betreuung, Unterricht und Lehre), ohne dass hierzulande eine direkte Zahlung durch die Leistungsempfänger erfolgt. Wer unterrichtet wird, muss heutzutage kein Schulgeld bezahlen (das war von der Antike bis in die Moderne hinein über die größte Strecke der Schulgeschichte anders, von anderen Gesellschaften, in denen heutzutage teilweise enorme Schul- und Studiengebühren erhoben werden, gar nicht zu sprechen); wer einen Kitaplatz für sein Kind in Anspruch nimmt, profitiert von einer (meist noch immer zu geringen) Subventionierung durch das jeweilige Bundesland, wer eine ärztliche Untersuchung und Behandlung in Anspruch nimmt, muss weder dafür noch für Medikamente aufkommen – von Eigenanteilen abgesehen. Mit anderen Worten: Pädagogische Einrichtungen sind meistens (Ausnahmen wie Privatschulen oder Privathochschulen bestätigen die Regel) am Gemeinwohl ausgerichtete Non-Profit-Organisationen.

Von einer „kapitalistischen Gesellschaft" (ebd., S. 30) kann man dennoch sprechen, weil die ökonomische Sphäre ihren Leitwert der Profitsteigerung wie auch ihr Medium – Geld – in alle anderen Sphären der Gesellschaft hineingetragen hat. Auch sind die sog. nichtproduktiven Bereiche der Gesellschaft über Steuern, Abgaben und Gebühren von der allgemeinen Wirtschaftsleistung und der Umverteilung durch den Staat abhängig. Das führt dazu, dass auch diese Sphären der Gesellschaft sich des Leitwertes der (Profit-)Optimierung annehmen, also eine ökonomische Funktionslogik übernehmen – auch wenn diese für das Handeln innerhalb dieser Sphären nicht zutrifft oder gar ihren eigenen Werteordnungen widerspricht.

2.1.3 Ökonomische Funktionslogik: Quantifizierung, Vergleich, Konkurrenz

An einem pädagogischen Beispiel lässt sich die „ansteckende Wirkung" (Schimank, 2018, S. 5) der wirtschaftlichen Funktionsweise verdeutlichen: Bei einem Träger sozialpädagogischer Einrichtungen werden Kosten und Leistungen gegenübergestellt, wobei den Leistungen ein Wert zugeschrieben wird, der in irgendeiner Weise mit den zugehörigen Kosten verglichen werden können soll. Eine Sozialarbeiterin, die pro Tag zwei Vor-Ort-Besuche und vier telefonische Beratungen durchführt, ist auf dem Papier sehr viel produktiver als ihre Kollegin, die die gleichen Lohn- und Lohnnebenkosten erzeugt, in der gleichen Zeit aber nur einen Besuch und drei Beratungen durchführt. Betriebswirtschaftlich ist man nun angehalten, die zweitgenannte Kollegin dazu zu ermahnen, ihre Produktivität zu erhöhen, sodass ihre Kennzahlen und Ergebnisse der erstgenannten erreicht oder gar übertroffen werden. Sollte das nicht erfolgen, würde ihr Arbeitsvertrag nicht verlängert und sie durch eine andere Person ausgetauscht. Allein: Die ‚Qualität' pädagogischen Handelns ist in den Kennzahlen nicht abgebildet und auch nur begrenzt abbildbar. Ggf. erzielt die zweitgenannte Kollegin einen viel größeren pädagogischen Erfolg, weil ihre Klientinnen und Klienten es schätzen, dass sie sich mehr Zeit für sie nimmt und so ein schnelleres oder nachhaltigeres Erreichen eines bestimmten Ziels möglich ist. Im Gegenteil dazu kann die erstgenannte Kollegin Probleme noch verschärfen, wenn sie ihre Beratungszeiten immer weiter verkürzt und gedanklich schon beim nächsten Termin ist.[16]

Dieses Beispiel veranschaulicht, was Schimank und Volkmann das *Regime der Konkurrenz* nennen: Durch „ständige Vergleiche" wird die im Raum stehende Drohung, „dass man durch Konkurrenten verdrängt wird" (Schimank, 2018, S. 7), handfest. Das Konkurrenzverhältnis zwischen unseren beiden exemplarischen Arbeitnehmerinnen spiegelt sich in ähnlicher Weise zwischen Organisationen (also bspw. zwei Trägern, Schulen oder Universitäten), die um ihre ‚Kundschaft', eine Ausschreibung für einen Auftrag oder Drittmittel konkurrieren und genötigt sind, ihre vermeintliche Leistungsfähigkeit in Form von Kennzahlen und Alleinstellungsmerkmalen darzulegen. Die Kennzahlen sind jedoch beliebig austausch- und definierbar von dem, der die Leistung eines Marktteilnehmers einzukaufen gedenkt oder (im Falle staatlicher Schulen) bewertet. Es entsteht demnach ein „dauerhaftes Klima der Ungewissheit" (ebd., S. 8), das einerseits mit der Hoffnung der Zuteilung eines Auftrags verbunden ist, andererseits aber

16 Selbstverständlich verändert eine solche Sicht auf pädagogische Praxis nicht nur die Rolle der darin professionell Handelnden. Die pädagogischen Adressaten werden so weniger zu mit Würde ausgestatteten Subjekten als mehr und mehr zu notwendigen Objekten der Soll-Erfüllung eines bestimmten Outputs.

auch immer die Beendigung der Zusammenarbeit oder die Mittelkürzung bei nicht zufriedenstellender Leistungserbringung androht.

Sogar zahlreiche Studierende sind davon betroffen: Im derzeit zu reformierenden Berliner Hochschulgesetz in der Fassung vom 26.07.2011 bspw. wird im Paragraphen 28 festgelegt, dass eine ‚Fachberatung' für Studierende, die die Regelstudienzeit überschreiten oder „nach Ablauf der Hälfte der Regelstudienzeit [...] die Studienziele zu weniger als einem Drittel der zu erbringenden Leistungspunkte erreicht" wurden, folgt, in der festgehalten wird, „innerhalb einer festzulegenden Frist bestimmte Studien- und Prüfungsleistungen zu erbringen" (§ 28 BerlHG). Auch das Nordrhein-Westfälische Hochschulgesetz in der aktuellen Fassung vom 12.07.2019 erlaubt fast wortgetreu zum Berliner HG den Hochschulen eine solche Regelung (§ 58a HG NRW). Während das Land Berlin derzeit die Sanktionierung eines ökonomisch gebotenen Studierverhaltens abschafft, führt Nordrhein-Westfalen diese ein. Glücklicherweise stellt die FernUniversität Hagen eine besondere Ausnahme dar, da gerade dort nicht in der Regelstudienzeit der Abschluss erreicht werden muss. Für alle anderen Hochschulen des Landes gilt jedoch: Sofern sie davon Gebrauch machen (und sich somit von der Konkurrenz abheben können), werden ihre Studierenden dazu aufgefordert, Ihr Studium möglichst nah an der Regelstudienzeit zu beenden, selbst wenn die durch Ihre Einschreibung verursachten direkten Kosten (bspw. für Verwaltungskosten, die Wahrnehmung von Studienplätzen in Seminaren und Beratungszeiten) vernachlässigbar gering sind oder durch deren Semestergebühren größtenteils gedeckt werden. Damit wird die Idee der Regelstudienzeit abermals zum Streitpunkt wie schon bei ihrer Einführung des inzwischen abgeschafften Hochschulrahmengesetzes (HRG) 1976. Während auf individueller Ebene argumentiert wird, man wolle den Studierenden bei Schwierigkeiten helfen können, scheint es beim genaueren Hinschauen um eine schlanke Organisation der Hochschulen (ohne Karteileichen, die die durchschnittliche Studiendauer erhöhen und sich somit schlecht auf Rankings auswirken) und einen frühen Eintritt in den Arbeitsmarkt zu gehen, an dem sowohl der Staat als auch die Hochschulen als Empfänger von Steuergeldern Interesse haben. Zugleich wird an dem Beispiel deutlich, wie solche Strukturen nicht nur Hochschulen, sondern auch ihre Studierenden ggf. in ein Konkurrenzverhältnis zueinander bringen. *Commiltones* sind dann nicht mehr Mitstreiter im Kampf um Erkenntnisgewinn, mit denen man Studienunterlagen teilt und gemeinsam an der Sache arbeitet.

2.1.4 Ökonomisierung als Prozess

Schimank und Volkmann haben eine inzwischen siebenstufige Ökonomisierungsskala entworfen, mithilfe derer man nicht nur verschiedene gesellschaftliche Sphären untereinander vergleichen, sondern auch zeitliche Verläufe innerhalb einzelner Sphären, z. B. des Bildungssystems, abbilden kann (vgl. Schimank & Volkmann, 2017, S. 34ff). In Tabelle 2 sind diese abgetragen.

Was sehen wir dort? Schimank und Volkmann differenzieren Organisationen oder ökonomische Einheiten danach, ob und wie sehr sie nach ökonomischen Prinzipien handeln müssen. Die Skala reicht von der Stufe 1, auf der kein Kostenbewusstsein nötig ist, bis zur Stufe 7, auf der ökonomische Gewinne maximiert werden müssen. Pädagogische Einrichtungen bewegen sich meistens auf den Stufen eins bis vier.

Tabelle 2: Ökonomisierungsskala nach Schimank & Volkmann (2017), leicht modifiziert

Stufe	Charakterisierung	Teilskala
1	Kein Kostenbewusstsein notwendig	Non-Profit-Welt
2	Kostenbewusstsein erwünscht, wo möglich	
3	Fixierte Obergrenze für finanzielle Verluste	
4	Keine finanziellen Verluste mehr erlaubt	
5	Kleine finanzielle Gewinne, wenn möglich	For-Profit-Welt
6	Fixiertes moderates Gewinnziel	
7	Maximierung finanzieller Gewinne	

Ohne die Ökonomisierungsskala hier erschöpfend diskutieren zu können, soll zumindest festgehalten werden, dass bereits auf Stufe 4 es „wirklich schmerzhaft für die Leistungsrollenträger wie z. B. Ärzte und Lehrer" wird, „denen je nach Kostenlage aufgezwungen wird, ihr sphärenspezifisches Ethos mehr oder weniger stark zu verleugnen; entsprechend können auch Leistungsempfänger wie Patienten oder Schüler leiden." (ebd., S. 40). Etwa ab diesem Punkt ersetzen wirtschaftliche Anforderungen mindestens teilweise die bspw. pädagogischen Zielvorgaben und Werteordnung – z. B. eine berufliche Wiedereingliederung oder die Erreichung eines Klassen- oder Bildungsziels.

In den folgenden Stufen intensiviert sich die Bedeutung ökonomischer Zielvorgaben sukzessive, bis dann auf Stufe 7 die Gewinnmaximierung zur „obersten Maxime" (ebd., S. 44) wird, ohne dass die Eigenlogik der nicht-ökonomischen Sphäre komplett überformt wäre. Hier beschreiben Volkmann und Schimank die paradoxale Situation, dass zur Profitmaximierung dieses Prinzip selbst in den Hintergrund rücken muss. Am Beispiel der Kunst kann das eine Künstlerin sein, deren Musik sich genau deswegen gut verkauft, weil sie sich nicht am Mainstream des Musikmarktes orientiert; im Gesundheitswesen kann ein Krankenhaus gerade deswegen am Markt erfolgreich sein, weil es seinen Patientinnen und Patienten mehr kostbare Zeit zur Anamnese, Diagnose und Therapie erlaubt als die Konkurrenz.

> „Mehr noch: Es gibt auch immer wieder Fälle, in denen ein ausgesprochenes Steigerungsverhältnis zwischen starkem Gewinnstreben und einer ebenso starken Entfaltung der jeweiligen sphärenspezifischen Eigenlogik zum Tragen kommt [...]. [So] können teure Privatschulen für die Kinder der sehr gut Betuchten auch sehr gutes Lehrpersonal einstellen und bezahlen und so sowohl pädagogisch hervorragende Arbeit leisten als auch satte Gewinne abwerfen." (ebd., S. 46)

Ein großer Unterschied zwischen einer privaten und einer staatlichen Schule liegt darin, dass das bereits angesprochene Klima der Unsicherheit eine reelle Gefahr für die angestellten Lehrkräfte der Privatschule darstellt, während die in staatlichen Schulen Tätigen zumindest über eine Arbeitsplatzsicherheit verfügen, die in vielen anderen Bereichen der Gesellschaft nicht gegeben ist – schon deswegen, weil staatliche Bedienstete, auch nicht verbeamtete, nur bedingt anfällig sind für konjunkturelle Schwankungen. Dafür erfolgt die Ökonomisierung in Schulen auf andere Art und Weise, wie in Abschnitt 3.2 etwas detaillierter ausgeführt wird.

Anhand dreier Merkmale beschreibt Schimank, wie sich das seit den 1970er Jahren herrschende *Regime der Konkurrenz* genauer fassen lässt (Schimank, 2018, S. 8f). Er tut dies in relationaler Weise, d. h. er beschreibt, wie sich „das Verhältnis von Organisationsmitgliedern zu ihrer Organisation" verändert, „was aber [...] für das Verhältnis von Organisationen zu ihren Trägern genauso gilt" (ebd.). Als Gegenentwurf dient dem Autor das sog. Goldene Zeitalter zwischen dem Zweiten Weltkrieg und den 1970ern, v. a. die Phase des Wirtschaftswunders.

Während die Zugehörigkeit zu einer Organisation (wie etwa dem Arbeitgeber, einer Behörde oder der Universität) früher durch Konformität im hierarchischen System bezeugt werden konnte, so Schimank, wird heute von Organisationsmitgliedern darüber hinaus mehr abverlangt. Sie müssen, wie in unserem Beispiel der Sozialpädagogin oben, permanent ihre ‚Leistung steigern', dies ‚dokumentieren' und sich somit der ‚permanenten Prüfung' ihrer Arbeit unterziehen. Auch wird von ihnen verlangt, dass sie sich mit den Werten der Organisation identifizieren. Dies gilt auch für Sie als Angehörige einer Universität und den Studienordnungen des Bachelor-/Master-Systems Unterworfene: Es reicht nicht mehr, nur eingeschrieben zu sein, hin und wieder Teilnahmenachweise zu erwerben und sich irgendwann zur Zwischen- oder Abschlussprüfung anzumelden, wie es noch zu Magister- und Diplomzeiten möglich und gängig war. Inzwischen findet eine sehr kleinteilige Beurteilung Ihrer Studienleistungen statt: (Fast) jedes einzelne Modul wird benotet, es gibt zahlreiche Teilprüfungen und sogar Midterm-Klausuren. Gleiches gilt für Ihre Dozentinnen und Dozenten. Diese müssen gute Lehrveranstaltungsevaluationen erzeugen, regelmäßig und renommiert publizieren und darüber hinaus noch Drittmittel für die Forschung einwerben. Beide Statusgruppen der Universität eint, dass erwartet wird, dass sie sich mit dem

Selbst- und Leitbild der Universität identifizieren (ganz unabhängig davon, welche Werte dort vertreten werden und ob sie mit ihnen übereinstimmen).[17]

Das zweite Merkmal eines Regimes der Konkurrenz wird im ‚Wandel eines Klimas des Vertrauens zu einem des Misstrauens' beschrieben. Es bestand kein Zweifel daran, dass mit dem Abschluss eines Arbeitsvertrags die entsprechend vereinbarte Arbeitsleistung erbracht wurde; Gleiches gilt für den erwarteten Abschluss eines Studiums nach vorheriger Einschreibung. Heute wird nicht nur die Leistungsbereitschaft von Arbeitnehmern und Studierenden infrage gestellt; es werden sogleich Konsequenzen angedroht: im ersten Fall Outsourcing und Arbeitsplatzverlust, im zweiten eine Zwangsstudienberatung und die Selbstverpflichtung(!) zu einer raschen Beendigung des Studiums. In Zeiten der Digitalisierung ist Zweitgenanntes in beiden Bereichen – im Arbeitswesen wie auch in der Universität – einfacher geworden. Inzwischen werden auf digitalen Plattformen, insbesondere auf sog. Dashboards, Informationen zusammengetragen, die ein deviantes (also abweichendes) Verhalten sichtbar und somit sanktionierbar machen (für die Situation Studierender vgl. Abschnitt 3.3).

Drittens kommt es zu einem Wandel von sicheren zu unsicheren Verhältnissen. Früher war es als Arbeitnehmer möglich und gängig, innerhalb eines Unternehmens in einem einfachen Arbeitsverhältnis zu beginnen und beim Renteneintritt – in einer prestigeträchtigeren und besser bezahlten Position – den Ruhestand anzutreten. Stattdessen wird heutzutage bereits vor Antritt einer Stelle eine gewisse Mobilität und Flexibilität erwartet. Für potenzielle Arbeitgeber und Trägerinnen von sozialen Einrichtungen ist die gewissenhafte Erfüllung ihrer arbeitsvertraglichen Pflichten heute nicht mehr ausreichend. Es wird vielmehr erwartet, dass Absolventinnen und Absolventen bereits einen mit unterschiedlichen Kenntnissen und Könntnissen gefüllten Lebenslauf vorlegen, der von ins Arbeitsleben Eintretenden Profile erwartet, wie sie häufig nur bei arrivierten und erfahrenen Kolleginnen und Kollegen vorliegen.

So kommt es nicht selten vor, dass in Ausschreibungen von Trainee-Stellen (also solchen, die explizit Berufseinsteiger adressieren) erwartet wird, dass bereits vor oder im Studium Auslandserfahrung gesammelt wurde, langwährende Praktika absolviert wurden, darüber hinaus gehendes Engagement bewiesen wurde usw. Dabei dient aber dieses Bild des *unternehmerischen Selbst* (Bröckling, 2007) nicht nur zur Formung des oder der idealen Angestellten, sondern zugleich auch als Begründung für befristete und unsichere Arbeitsverhältnisse: Es könnte

17 Genau genommen sind nur diejenigen in angestellten und verbeamteten Teilen der Universitätsangehörigen systematische ‚Leistungserbringer' im Sinne von Schimank und Volkmann. Im Falle der Universität kann man jedoch davon ausgehen, dass sich die Praxisbedingungen der Arbeit ungebrochen im Modus des Studierens widerspiegeln, sodass die hier erfolgte Ausweitung auf studentische Beispiele als Gedankenexperiment erlaubt sei. Für eine tiefergehende Analyse der Ökonomisierung von Hochschulen vgl. Schimank, 2008.

ja in den nächsten Monat jemand seine Bewerbungsunterlagen einreichen, der oder die besser dafür geeignet ist, diese Aufgabe im Unternehmen zu erfüllen. Ein primär ökonomisch agierender Arbeitgeber wird dann den ‚Kostenfaktor' Arbeitskraft schnellstmöglich austauschen und somit optimieren wollen. Folglich wird auf das Schließen unbefristeter Arbeitsverträge womöglich verzichtet, Personal über Subunternehmen angeheuert und so die prekäre Situation (meist junger) Absolventen zum Vorteil des Unternehmens genutzt. Spekulativ darf erwartet werden, dass auch eine studentische Normalbiografie in Zukunft nicht ohne einen Wechsel der Hochschule, mindestens nach dem Bachelor-Abschluss, idealerweise in Kombination mit einem Auslandsaufenthalt, auskommt. Dass es dabei in den meisten Studienfächern ziemlich irrelevant ist, wo und wie Studierende ihre Denkprozesse vollziehen und Hausarbeiten niederschreiben, wird dabei geflissentlich übersehen.

Tabelle 3: Drei Merkmale des Wandels zum Regime der Konkurrenz nach Schimank (2018)

„Goldenes Zeitalter"	Regime der Konkurrenz	Beispiel im Studium
Konformität	Leistungssteigerung, permanente Prüfung, Identifikation	Benotung jedes einzelnen Moduls, Teilprüfungen, Midterm-Klausuren
Klima des Vertrauens	Klima des Misstrauens, Drohungen	Zwangsstudienberatung, datenbasierte Überwachung
Sicherheit („Normalarbeitsverhältnis")	Unsicherheit, Vulnerabilität	Mobilitätserwartung/studentische Normalbiografie

Die genannten Merkmale eines Regimes der Konkurrenz (Schimank, 2018, S. 9) sind geschickt gewählt: Sie dienen als Beobachtungsbegriffe nicht zur Festlegung oder Definition der Bedingungen unserer Praxis, sondern erlauben die Diagnose dynamischer Veränderungsprozesse, die sich heute in Zeiten von Digitalisierung anders zeigen, als es vor zehn oder zwanzig Jahren vorstellbar war. Mithilfe eines zeitgeschichtlichen Blicks auf den Wechsel vom ‚goldenen Zeitalter' der 1950er bis 1970er Jahre bis in die noch heute anhaltende Situation sich beschleunigender Ökonomisierung verdeutlichen Uwe Schimank und Ute Volkmann anhand welcher Dimensionen und wie wir den von ihnen beobachteten Wandel sichten und erklären und so die These des Regimes der Konkurrenz plausibel machen können. Sie tun dies in sechs Schritten, die in zeitlicher Sequenz verstanden werden und im folgenden Unterabschnitt dargestellt und diskutiert werden.

2.1.5 Merkmale der Ökonomisierungsdynamik in sechs Schritten

Ihren Ausgangspunkt nimmt die Ökonomisierung Schimank und Volkmann zufolge in der *Inklusion*. Das wird für Pädagoginnen und Pädagogen zunächst irritierend klingen, weil der Begriff (ähnlich wie Bildung) in soziologischen Zusammenhängen etwas anderes meint. Pädagogisch hebt Inklusion ab auf die politische Forderung und pädagogische Durchsetzung bspw. einer gemeinsamen Schule für alle Kinder, unabhängig derer Leistungsstände, Herkünfte, besonderen Förderbedarfe usw. Soziologisch ist mit Inklusion gemeint, dass überhaupt erst ein Recht auf die Teilhabe an gesellschaftlichen Institutionen möglich ist, z. B. durch den Erlass und die Durchsetzung einer Schulpflicht. Das heißt: Soziologisch gesprochen ist die Schule hierzulande eine der (wenn nicht die) inklusivste Institution unserer Gesellschaft (kennen Sie jemanden, der keine Schule besucht hat?), pädagogisch gesprochen sieht die Diagnose aber in den meisten Städten und Kommunen anders aus. In jedem Fall aber steigt das, was man gemeinhin Bildungsbeteiligung nennt, also mindestens die formale Mitgliedschaft in einer der Altersgruppe angemessenen Bildungseinrichtung. Noch sichtbarer wird diese Tendenz in den Abiturquoten der jeweiligen Geburtenjahrgänge. Und: „Entsprechendes ließe sich auch für die anderen Sphären der modernen Gesellschaft zeigen, bis zu Kunst und Sport." (Schimank & Volkmann, 2017, S. 54).

Fragt man nach den Gründen dafür, kommt wieder die Moderne ins Spiel. Nicht nur bringt diese, wie wir in Abschnitt 2.1.1 festgehalten haben, funktional differenzierte Gesellschaften hervor, sie liefert zugleich eine normative Legitimierung für die Inklusion. Mit der Moderne verbunden ist nicht nur das Narrativ – also eine Erzählung und zugleich der Glaube an ihre Richtigkeit – vom ‚Fortschritt' als Produktivitätssteigerung in allen gesellschaftlichen Teilbereichen. Zu ihm gehört auch das übergreifende ‚Gleichheitspostulat' (vgl. ebd.). Dies besagt, dass alle Menschen einer Gesellschaft über das formale Recht auf die Teilhabe an allen gesellschaftlichen Sphären verfügen. Die faktische Ungleichheit zwischen unterschiedlichen Schichten / Klassen / Milieus sorgt jedoch nicht dafür, dass die bisher unterprivilegierten Teile der Gesellschaft ihren Teil vom Kuchen abbekommen. Stattdessen wird der Kuchen insgesamt vergrößert – so bekommen die Aufsteiger der Gesellschaft absolut mehr als bisher, werden aber quasi nie den gleichen Grad der Teilhabe erreichen wie die bereits Privilegierten. Am Beispiel der Bildungsexpansion und der Akademikerquote lässt sich dies veranschaulichen: Inzwischen können formal alle Aufwachsenden die Hochschulreife erlangen und studieren, allerdings gibt es in der Reputation der Abschlüsse und Studiengänge große Unterschiede, die entlang des sozioökonomischen Status der Eltern verlaufen (vgl. Solga & Dombrowski, 2009). Mit anderen Worten: Soziale Ungleichheit ist mit der Steigerungsdynamik funktioneller Differenzierung und formaler Gleichstellung aller kompatibel. Es kommt dadurch aber nicht zu einer radikalen Umverteilung, sondern: Der Markt, bspw. für Bildungsabschlüsse, wird insgesamt größer.

Die einzige Bremse dieses Wachstums ist dann Niklas Luhmann zufolge eine ökonomische: Bevor die Ansprüche der Aufsteiger so groß werden, dass sie den Haushalt des Wohlfahrtsstaats zu sehr belasten, fungiert die Ökonomisierung sozialer Sphären als Korrektiv.

> „Ökonomisierung ist somit für Luhmann kein Problem, das die nicht-wirtschaftlichen Sphären und letztlich funktionale Differenzierung als gesellschaftliche Ordnung insgesamt heimsucht, sondern ganz im Gegenteil ein Mechanismus, der die Probleme einer in funktionale Differenzierung eingebauten gesamtgesellschaftlich verantwortungslosen sphärenspezifischen Autonomie bewältigt." (Schimank & Volkmann, 2017, S. 58)

Das ist eine Deutung. Eine andere besagt, dass die Ökonomisierung kein Rädchen eines funktionierenden Sozialstaates ist, sondern als unerwünschte Nebenwirkung der Globalisierung und des Finanzmarktkapitalismus zu erklären ist. Diese, unter anderem vom Kölner Soziologen Wolfgang Streeck vertretene, These scheint plausibel. Einerseits sorgt die Globalisierung dafür, dass auf immer mehr Märkten eine globale Konkurrenz herrscht (und somit lokale Löhne, Steuern, Abgaben mit der Drohung der Abwanderung ‚gedrückt' werden können) und zugleich seit dem Ende des Zweiten Weltkriegs eine nicht unbeträchtliche Menge Geld im Umlauf ist, die nach dem Gesichtspunkt hoher Rendite investiert werden soll. Das heißt auch: Bisher auf einzelne Volkswirtschaften begrenzte Sphären werden zu Märkten oder Quasi-Märkten. Sie können bspw. Ihren Bachelorabschluss in Hagen, Oxford oder Örebro machen; Universitäten konkurrieren inzwischen um ihre Studierenden. Allein in Schulen ist das bisher nicht bzw. nur begrenzt der Fall. In jedem Fall führt diese Zusammenführung von Märkten dazu, dass Kapitaleigner „endlich wieder ihre Renditeansprüche hochschrauben können" (ebd., S. 59). Unseren beiden Autoren Ute Volkmann und Uwe Schimank zufolge stehen die beiden Deutungen nicht zwangsläufig in einem Widerspruch zueinander. Das Streben nach Beendigung der Ungleichheit des Leistungsempfangs einer Sphäre erzeugt Wachstumsdynamiken, zugleich möchten Kapitaleigner höhere Renditen auf Weltmärkten erzielen. Die Ökonomisierung bisher nicht-ökonomischer Sphären führt zu einer Begrenzung ihrer Leistungsfähigkeit. Diese „Doppelzange der Ökonomisierung" (ebd., S. 60) stellt den ersten der sechs Schritte dar.

Spätestens seit den 1970er Jahren kommt dann der Siegeszug einer Idee hinzu: der des *Neoliberalismus*. Diese stellt den zweiten Schritt der Ökonomisierungsdynamik dar. Eine Idee erfüllt soziologisch die Erklärung und Legitimierung eines bestimmten Modus Operandi, zugleich werden Gegenentwürfe und -ideen delegitimiert (also entwertet) (vgl. ebd., S. 62). Der Gegenentwurf, gegen den sich neoliberalistisches Denken wendet, ist der Sozialstaat nach dem Ende des Zweiten Weltkrieges. Die Silbe ‚Neo' zeigt bereits an, dass eine solche politische Position keine neue ist, sondern in diesem Fall bereits im 19. Jahrhundert bestand. Sie bewertete die Freiheit des Individuums als wichtiger als das Allgemeinwohl und sah erstere immer dann gefährdet, wenn der Staat eingriff, um bspw. Ungleichheiten zu nivellieren. Während die Sozialdemokratie einen starken Staat befürwortet, fordert der (Neo-)Liberalismus geradezu das Gegenteil: einen Minimalstaat (wie Wilhelm von Humboldt es nannte), der sich so wenig wie möglich in die Geschäfte seiner Bürgerinnen und Bürger einmischt. Das heißt auch: Es herrscht quasi überall Wettbewerb; jede gesellschaftliche Sphäre wird zum Ort, an dem sich Angebot und Nachfrage treffen – also zum Markt. Schulen werben um ihre Schülerschaft, Ärzte um ihre Patientinnen und Patienten. Wer sich in einem solchen Szenario kein Schulgeld in einer guten Schule leisten kann, muss seine Kinder in die Obhut von Schulen mit größeren Klassen und schlechter qualifizierten Lehrkräften, demnach mit weniger reputablen Abschlüssen geben. Gleiches gilt für ärztliche Behandlung.[18] Allein der Markt sorgt so für die Zuteilung von Lebenschancen in Abhängigkeit von der Möglichkeit an der Marktteilnahme durch Vorhandensein oder Fehlen finanzieller Mittel. Individuen würden, so die Annahme, stets rational zur Optimierung ihrer eigenen Lebenschancen und Verbesserung ihrer Situation handeln. Der *homo oeconomicus* ist die entsprechende anthropologische Formel für diese Prämisse.

Der Neoliberalismus der 1970er Jahre greift diese Opposition zum staatlichen Handeln auf und spitzt sie sogar noch weiter zu. Er interpretiert Ungleichheit nicht als Ergebnis etwa ungleicher Startchancen im Leben, sondern als funktionierenden Mechanismus des Marktes: „Die Leitungsfähigeren und -willigeren erhalten ihren gerechten Lohn" (ebd., S. 67). Geschickt wird so der faktischen Ungleichheit in jeder Gesellschaft eine normative Komponente beigefügt: Wer erfolgreich ist, ist es immer auch zu Recht; Gleiches gilt für Erfolglose. So entsteht eine Zweiklassengesellschaft (‚Leistungsfähige' und ‚Low Performer'), die es jedoch aus Sicht des Neoliberalismus nicht aufzulösen, sondern zu konsolidieren gilt. Folglich sei jeder staatliche Versuch des Ausgleichs (bspw. über den Einzug von Steuern und die Einrichtung eines einkommensunabhängigen Schulsystems) zu verhindern. Die Rolle des Staates beschränke sich demnach darauf, Eigentumsverhältnisse und die Einhaltung der Vertragsfreiheit zu sichern, not-

18 Die Tragik eines so real existierenden Gesundheitssystems kann man anschaulich in den USA beobachten, wo mithilfe von Spendensammlungen (Crowdfunding) regelmäßig medizinische Behandlungen von Krebserkrankten finanziert werden sollen. Auch im schulischen Bereich herrscht dort ein viel stärkerer Wettbewerb, beachtet man die ungleiche Finanzierung (und große Verbreitung) von Privatschulen gegenüber chronisch unterfinanzierten staatlichen Schulen (vgl. Ravitch, 2010). Der in dieser Einleitung nicht abgedeckte Bereich der anglophonen Bildungssysteme verdient eine gesonderte kritische Auseinandersetzung mit Prozessen der Ökonomisierung. Neben Diane Ravitch sind hier Peter McLaren sowie (hinsichtlich des Zusammenwirkens von Digitalisierung und Ökonomisierung) Meredith Broussard, Kate Crawford, Cathy O'Neil, Christo Sims und Ben Williamson zum Einstieg empfohlene Autorinnen und Autoren.

falls mithilfe staatlicher Gewalt (vgl. ebd., S. 70). Zugleich ist der Neoliberalismus blind für innere Widersprüche, von denen Schimank und Volkmann zwei nennen: Einerseits müssten auch Staatsdiener in hohem Maße korrupt sein und Entscheidungen im Amt stets zur Maximierung ihres eigenen Wohls treffen. Das Vorhandensein einer Gemeinwohlorientierung eines Individuums, die Hingabe der eigenen Arbeitskraft zum Wohle anderer ist nicht einmal eine Unbekannte in der Gleichung des Neoliberalismus – sie taucht überhaupt nicht auf. Andererseits wird von staatlichen Organisationen erwartet, als Korrektiv des individuellen Egozentrismus zu agieren, obwohl diese konsequenterweise genau wie ihre Leistungserbringer danach streben müssten, ihre eigene Stellung und Vormacht auszubauen.

Trotz dieser Leerstellen erlebt der Neoliberalismus eine erstaunliche politische Karriere. In den 1980er Jahren waren es Ronald Reagan und Margaret Thatcher, die in den USA und Großbritannien weitreichende Deregulierungen und Privatisierungen vorangetrieben haben. Staatliche Unternehmen der Kommunikation und Infrastruktur zur Befriedigung menschlicher Grundbedürfnisse (Strom, Wasser und Abwasser, Schienen- und Straßenverkehr, sozialer Wohnungsbau) wurden so aus ihrer Monopolstellung enthoben und in einen offenen Wettbewerb versetzt bzw. an private Investoren verkauft.[19] Etwa zur Jahrtausendwende wurden neoliberale Ideen dann gar von sozialdemokratischen Parteien Europas übernommen, die ihre Werte durch die neoliberaler Denkschulen (teilweise) ersetzten: „Nicht länger sollte Bedürfnisgerechtigkeit und Nachteilsausgleich an erster Stelle stehen, sondern Druck, sich selbst anzustrengen und dabei besser zu sein als andere in gleicher Lage" (ebd., S. 72). In Deutschland waren es vor allem die *Agenda 2010* und die *Hartz-Reformen*, die eine solche Affirmation neoliberalen Denkens salonfähig machten. Dabei, so die These Schimanks und Volkmanns, wirkt eine weitreichende Liberalisierung der (Sozial-)Politik performativ und selbstverstärkend: Irgendwann fangen wir an, unsere Gegenüber nur noch mit Blick auf unser weiteres Fortkommen und den potenziellen Nutzen zu betrachten; andere Annahmen und Menschenbilder als ökonomische werden zunehmend schwieriger zu denken oder gar zu realisieren, je weiter neoliberale Praxis verbreitet ist.

Aus Sicht einer fragmentierten Moderne und gesellschaftlicher Differenzierung hingegen sind zwei Punkte am Siegeszug der Idee des Neoliberalismus zentral: zum einen der ubiquitäre (also überall vorhandene) Einsatz von Märkten, zum anderen die Ablehnung funktionaler Differenzierung von Gesellschaften. Stattdessen herrscht die Annahme vor, dass jegliche soziale Praxis in Kosten-

19 Zur Privatisierung, nicht nur der Infrastruktur, sondern auch und vor allem des Bildungswesens, sind an dieser Stelle sämtliche Beiträge des Kölner Sozialwissenschaftlers Tim Engartner zur Lektüre empfohlen.

Nutzen-Verhältnisse überführbar und über die Manipulation von Geldströmen steuerbar sei.[20]

Der dritte Schritt der Ökonomisierungsdynamik schließt hier an. Das sogenannte *New Public Management* (NPM) stellt ein Steuerungsmodell dar, mit dessen Hilfe eine Optimierung öffentlicher Ausgaben – und somit fast aller Ausgaben im sozialen/pädagogischen Bereich – erfolgen soll. Fast alle staatlichen Einrichtungen, mit Ausnahme des Militärs, finanzieren ihre Leistungen durch Finanzmittel verschiedener Herkünfte, wobei staatliche Zuwendungen meist den größten Teil ausmachen. Das gilt für öffentliche Schwimmbäder und Bibliotheken genauso wie für Museen, Schulen, Hochschulen, Kindergärten usw. Zugleich werden aber von denen, die die Leistungen in Anspruch nehmen, Gebühren eingefordert in Form von Eintrittsgeld, Semestergebühren, Parkgebühren im öffentlichen Raum, Mitgliedsbeiträgen, Gebühren für die Erstellung von Personalausweisen und dergleichen mehr.[21] Erhöht sich der ökonomische Druck, etwa durch eine schlechte konjunkturelle Lage, sind diese Gebühren häufig die erste Stellschraube, mit deren Hilfe öffentliche Einrichtungen Einfluss auf ihre Bilanz nehmen. Allerdings kann ökonomischer Druck auch in guten konjunkturellen Lagen entstehen, etwa wenn politisch entschieden wird, dass Programme gegen Rechtsextremismus weniger öffentliche Förderung erhalten sollen oder Steuereinnahmen ausbleiben, um große Unternehmen vor dem Abwandern ins Ausland zu hindern. Die Höhe des Drucks unterscheidet sich jedoch innerhalb der Gesellschaft: „Oft bleiben z. B. die Rentner als große Wählergruppe von Kürzungen verschont, und wissenschaftliche Forschung, deren Vernachlässigung sich erst langfristig zeigt, hat demgegenüber keine starke Lobby" (ebd., S. 79).

Die Reaktionen auf so erzeugte Sparzwänge erfolgten zunächst, wie Volkmann und Schimank es nennen, nach dem Rasenmäherprinzip: Es wurden gleichmäßig Mittel gekürzt und die öffentlichen Einrichtungen gezwungen, über ihr Handeln Rechenschaft abzulegen. Mit der Ökonomisierungsskala (Abschnitt 2.1.4) gesprochen: Viele Einrichtungen ‚wanderten' von Stufe eins bis zur Stufe vier. Öffnungszeiten wurden gekürzt, Neueinstellungen von Personal verzögert

20 Unfreiwillig komisch wird eine solche Denkweise, wenn Faktoren wie ‚Lebensqualität' oder gar ‚Glück' quantifiziert und gemessen oder gar ‚gemanagt' werden sollen.

21 Von 2004 bis 2012 wurde in Deutschland die sogenannte *Praxisgebühr* erhoben. Sie betrug 10 Euro und war einmalig pro Quartal bei dem Besuch eines Haus-, Zahn- oder Notarztes fällig. An ihr kann man deutlich skizzieren, welche Nebenfolgen eine pauschale Erhebung von Gebühren (d. h. unabhängig vom jeweiligen Einkommen der Gebührenzahler) haben kann. Unberücksichtigt bleibt hier auch, dass zur Verfügung stehende Geldmittel auch innerhalb von Klassen, Milieus usw. ungleich verteilt sind: Es gibt Alters- und Geschlechterdifferenzen, auch Migrationserfahrungen spielen eine Rolle. All diese Differenzierungen berücksichtigen pauschale Gebühren nicht. Im Vergleich verschiedener Abgabenarten (Steuern und sonstige Abgaben wie Beiträge, Gebühren, Sonderabgaben usw.) und im Sinne der Verteilungsgerechtigkeit sind Steuern im Allgemeinen die gerechteste Erhebungsmethode, wobei ihnen die Ermöglichung zur exakten Steuerung von Geldströmen fehlt: Sie werden stets zweckungebunden erhoben.

oder ausgesetzt, ehrenamtliche Helfer eingesetzt usw. Es handelte sich also um Top-down-Regelungen, die auf Management-Ebene beschlossen und in den operativen Bereich hinuntergereicht wurden, völlig ungeachtet der Bedürfnisse und Fähigkeiten derer, die das Tagesgeschäft erledigten.

Mit der Einführung des NPM ändert sich der Modus der Kostenkontrolle. Nicht mehr die bürokratische Hierarchie und der bildliche Rasenmäher sollen über die Art des Kostenmanagements entscheiden, sondern der *Markt*. Wie funktioniert das genau? Uwe Schimank und Ute Volkmann nennen drei hauptsächliche Faktoren (vgl. ebd., S. 84ff). Das ist zum Ersten die Deregulierung, also die Übertragung von Entscheidungsgewalt der Exekutive zu den frischen Marktteilnehmern, etwa Schulen. Damit verbunden ist z. B. die Auflösung von Schulsprengeln, also klar definierten Einzugsbereichen von Schulen. Fortan stehen Schulen in Konkurrenz zueinander, müssen Profile ausbilden und in die Öffentlichkeit tragen und können bzw. müssen selbst über ihre Schülerschaft entscheiden; teilweise wird ihnen ein Budget zugesprochen, über das sie ebenfalls selbst verfügen können. Unter dem Stichwort Schulautonomie wird diese Transformation in der wissenschaftlichen Literatur verhandelt. Zum Zweiten ist die ‚Zweckprogrammierung' zu nennen. Diese Zielsetzung erlaubt die Evaluation von Einrichtungen an vorher selbst gesteckten Zielen und Zwecken ihres Handelns. Bewertet wird dabei nicht, wie die jeweiligen Einrichtungen zum Ziel gekommen sind, sondern nur ob und in welchem Maße. Zum Dritten schließlich werden Organisationsleitungen gestärkt, auch und vor allem gegenüber ihren eigenen Mitarbeiterinnen und Mitarbeitern. In neuen Organisationsstrukturen sinkt somit die Möglichkeit des Einspruchs durch Angestellte und ihrer Verbände (z. B. Gewerkschaften). Mit anderen Worten: Nach der Maßgabe des NPM transformierte Organisationen sind nicht demokratischer, sondern unterliegen im Gegenteil einer stärkeren hierarchischen Ordnung als zuvor.

Als Legitimationsgrund, also als Rechtfertigung für diese Umorganisation bspw. von Schulen (aber auch von Altersheimen, Pflegeeinrichtungen, Krankenhäusern usf.), dient der Markt. Dieser, so die These der Verfechter des NPM, würde durch Konkurrenzverhältnisse für eine Optimierung der Situation für alle Marktteilnehmer, auf Angebots- wie auf Nachfrageseite, bieten. Fachkräfte können zwischen verschiedenen Arbeitgebern wählen, pädagogische Adressaten haben die Wahl zwischen unterschiedlichen Trägern einschließlich diverser Konzepte und Zugriffe.

Allein, so die These Schimanks und Volkmanns, liegt weder im gesundheitlichen noch im sozialen Bereich ein Markt vor. An den Schulen lässt sich das ebenso verdeutlichen wie an Krankenhäusern: Durch die Herausbildung von Schulprofilen, durch zahlreiche investierte Arbeitsstunden in die Schulentwicklung, durch Außenwerbung und Tage der offenen Tür mag zwar die Sichtbarkeit einer Schule in der Öffentlichkeit erhöht werden, aber die Gesamtzahl der potenziellen Schülerinnen und Schüler (SuS) bleibt identisch. Ökonomisch gesprochen: Die

Gesamtnachfrage ist durch demografische Determinanten bestimmt und nicht durch Marketingmaßnahmen beliebig steigerbar. Auch verhalten sich SuS nicht wie typische Marktteilnehmer, da sie häufig nur bedingt an der Schulwahl beteiligt sind (sondern primär ihre Eltern) und Entscheidungen nach pragmatischen Gesichtspunkten wie der Erreichbarkeit der Schule mit öffentlichen Verkehrsmitteln oder der gemeinsamen Beschulung mit Freunden getroffen werden.[22] Hinzu kommt, dass auch das Personal nur bedingt zwischen den Schulen wechselt, u. A. weil die Ausbildung (also das Lehramtsstudium) keine Unterschiede in Reputation und Bezahlung abhängig des Studienortes bedingt und das Salär ohnehin an Maßgaben des öffentlichen Dienstes gebunden ist. D. h. weder die Schulen noch die Schulträger (Kommunen oder Bezirke) zahlen den Lehrkräften ihre Gehälter, sondern das jeweilige Bundesland. Eine Gehaltserhöhung erfolgt durch Anpassung der jeweiligen Soldstufen oder qua Seniorität, nicht leistungsgebunden.[23] Aus diesen Gründen wird in den genannten Fällen von ‚Quasi-Märkten' gesprochen.

Mit diesen Quasi-Märkten verbunden ist die Messung der vermeintlichen Leistung von Anbietern (Schulen, sozialpädagogischen Einrichtungen usw.) anhand von Kategorien, die sich meist auf den Output beschränken. Bei Schulen wäre das bspw. der Abiturdurchschnitt oder das Ergebnis von Vergleichsarbeiten, in der Polizeiarbeit die Anzahl ermittelter Drogendelikte. Eine solche Steuerung der jeweiligen Praxen hat dann Folgen für das alltägliche Handeln, da man die jeweiligen Organisationseinheiten oder gar Personen für ihre Zielerreichung oder -nichterreichung bestrafen oder belohnen kann (vgl. ebd., S. 89ff). Dabei werden die professionellen Vorstellungen von gutem Unterricht oder guter Polizeiarbeit zugunsten eines ministeriell fixierten (aber jederzeit austauschbaren) Leitwerts ignoriert. Mit den Worten Schimanks und Volkmanns: „Es handelt sich auf Quasi-Märkten um eine hierarchisch inszenierte und standardisierte Jeder-gegen-jeden-Konkurrenz" (ebd., S. 93). Einige Soziologen bezeichnen diese Übernahme bisheriger Organisationsstrukturen durch Marktlogiken unter Bezugnahme auf Rosa Luxemburg mitunter als *Landnahme*. Diese Metapher ist eine, die ihren Ort

22 Genauso wenig entscheidet sich jemand mit einer akuten Blinddarmentzündung dafür, ein bestimmtes Krankenhaus aufzusuchen. Die Schulwahl ist ein bisher wenig erforschtes Phänomen in der Erziehungswissenschaft, die *Choice*-Studie hat empirisch gesättigte Ergebnisse zu Motivlagen und Dilemmasituationen am Beispiel des Übergangs von der Grund- zu weiterführenden Schulen in Berlin erforscht (vgl. Mayer et al., 2020; Reimann et al., 2020).

23 Hier sind die USA, wie so häufig, anschauliches Gegenbeispiel: Dort werden vereinzelt Lehrkräfte danach bezahlt, welche Ergebnisse ihre SuS in Vergleichsarbeiten erzielen, was dann unerwünschte Nebeneffekte wie das sog. *teaching to the test* zeitigt, womit die Reduktion von Unterricht auf eine optimale Vorbereitung auf ebenjene Arbeiten erfolgt und keine Orientierung (mehr) an Lern- oder Bildungszielen. Im März 2021 forderte der FDP-Vorsitzende Christian Lindner eine entsprechende Regelung für Lehrkräfte in Deutschland, vgl. https://www.zeit.de/politik/deutschland/2021-03/bildungspolitik-christian-lindner-fdp-chef-lehrer-bezahlung-leistungsprinzip.

im Militärischen hat und die Inanspruchnahme von Land beschreibt, die einem anderen Herrschaftsbereich unterliegt als dem eigenen.

Der vierte Schritt in der Ökonomisierungschoreografie ist der der Kommodifizierung. Wie bereits in der Einleitung erwähnt, bedeutet der Begriff die warenförmige Transformation von Handelsgütern und Dienstleistungen. D. h. aus Perspektive derer, die Leistungen in Anspruch nehmen, welche vormals staatlich organisiert und finanziert wurden: es reicht nicht mehr, nur einen geringen Beitrag zur in Anspruch genommenen Leistung zu erbringen (also bspw. einen geringen Jahresbeitrag für die Vereinsmitgliedschaft oder den Mitgliedsausweis der Stadtbibliothek, für Schulbücher und -mittel usw.). Nach der Kommodifizierung sind Leistungsempfänger *Kunden*, die etwas erwerben und das schlägt sich im Preis nieder. Auf der Ökonomisierungsskala sind das die Stufen 5–7, auf denen Leistungsempfänger eben nicht nur pauschale, nicht kostendeckende Beiträge entrichten, sondern nun auch die Profiterwartungen der jeweiligen Investoren bedienen sollen. Hier dreht sich unter Umständen das Inklusionsprinzip um, etwa wenn Kosten für den Schulbesuch eines Internats so hoch sind, dass jene nur einem sehr kleinen Teil der Bevölkerung überhaupt zugänglich sind (vgl. ebd., S. 97). Das heißt auch: mit steigendem Erwartungsdruck sinkt nicht die Leistung der jeweiligen Leistungserbringer (wie es auf den Stufen 1–4 der Fall ist), sondern sie steigt potenziell noch. Am Beispiel des Internats: Um sich noch besser profilieren zu können, werden noch bessere Lehrkräfte (also bspw. Muttersprachler für den Sprachunterricht) verpflichtet und darüber hinaus Fachkräfte für Schulsozialarbeit und Nachmittagsbetreuung eingekauft. Als Ergebnis kann(!) die Qualität der Beschulung und des Unterrichts weit über das Maß steigen, das an öffentlichen Schulen üblich und gängig ist. So wie in diesem Beispiel Schule und Unterricht zur Ware werden – also kommodifiziert –, so passiert das in ähnlicher Weise mit zahlreichen Leistungen, die vormals öffentlich organisiert und subventioniert wurden, z. B. bei der Privatisierung von Schwimmbädern.

Dennoch gibt es heute noch immer Teile der Gesellschaft, die keiner Kommodifizierung unterlegen sind. So nennen Schimank und Volkmann das Rechtssystem und seine Institutionen der Gerichte, der Polizei und der Justizvollzugsanstalten. Zwar seien Tendenzen zur Kommodifizierung vereinzelt erkennbar, etwa wenn bei Großveranstaltungen eine polizeiliche Absicherung (teilweise) durch private Sicherheitsdienste ersetzt wird; im Großen und Ganzen aber haben die genannten Einrichtungen großes Interesse daran, nicht als käuflich zu gelten. Gleiches gilt für allgemeinbildende Schulen, trotz steigender Tendenz des Anteils von Privatschulen. Allerdings existieren durchaus kommodifizierte Dienstleistungen der Nachhilfe, die en gros privatwirtschaftlich organisiert wird. Auch Hochschulen können sich (zumindest aus Sicht der Studierenden) bisher zu großen Teilen vor einer Kommodifizierung schützen. Eine kurze Phase in den 2000er-Jahren zeichnete sich dadurch aus, dass einige Bundesländer Vorstöße zur Erhebung von Studiengebühren machten. Allerdings währte dies nicht lang und so kann man derzeit für das deutsche Hochschulsystem festhalten, dass weder Forschung noch Lehre einem so ausgeprägten *academic capitalism* unterliegen, wie es vor allem in den USA und Großbritannien der Fall ist (vgl. ebd., S. 100f).

Andere Sphären der Gesellschaft sind entweder von einer steigenden Kommodifizierung betroffen (vorwiegend das Gesundheitswesen und Teile der Infrastruktur) oder traditionell als Mischform nicht- und bereits kommodifizierter Elemente zu beschreiben. Zu letzteren zählen der Kunstbetrieb, Sport und Religion. Schließlich gibt es darüber hinaus gesellschaftliche Teilbereiche, die immer schon und fast ausschließlich als warenförmig zu beschreiben sind. Schimank und Volkmann zählen hierzu den Journalismus, der in Deutschland durch eine besondere Doppelung, d. i. öffentlich-rechtlicher Rundfunk inkl. Bildungsauftrag und private Sender, Mediengruppen usw., gekennzeichnet ist. Zwischen diesen gibt es jedoch zahlreiche Verbindungen und Verknüpfungen, sodass diese analytische Trennung beider Medienbereiche nur schwer aufrechtzuerhalten ist.

In jedem Fall lässt sich festhalten: 1) Das Verhältnis von Leistungserbringer und -empfänger verändert sich, wenn es sich im Zuge der Kommodifizierung um eine kaufmännische und bspw. nicht mehr pädagogische Interaktion handelt (dazu später mehr). 2) Die hier gezeichnete Entwicklung beschreibt die spezifisch deutsche Entwicklung der vergangenen Jahrzehnte, wobei zu den meisten Nachbarländern nur geringe Unterschiede festzustellen sein werden (vgl. ebd., S. 112f). Eine Berücksichtigung dieser vier bisher genannten Schritte (Inklusion, Neoliberalismus, NPM und Kommodifizierung) erlaubt dann schließlich zu plausibilisieren, was den Kern der vorliegenden Theorie ausmacht: das *Regime der Konkurrenz*. Im historischen Rückblick zeigen Schimank und Volkmann, wie dieses Regime ein Gegenbild darstellt zum eingangs skizzierten Goldenen Zeitalter in Zeiten des Wirtschaftswunders. Worin bestehen die Unterschiede?

Das Gegenmodell zum Regime der Konkurrenz ist nach Schimank die sogenannte *Organisierte Moderne*. Wie bereits in Abschnitt 2.1.4 erläutert, spielt das Verhältnis der Organisationsmitglieder bzw. Leistungserbringer zueinander sowie zur Organisation eine bedeutende Rolle im Verständnis des Funktionierens der damaligen westlichen Industriegesellschaften. Organisationsmitglieder befanden sich in meist unbefristeten Normalarbeitsverhältnissen, es herrschte ein Klima des Vertrauens und statt einer Konkurrenz untereinander war Konformität gegeben. Es herrschte in erster Linie eine Vermeidung von Konkurrenz, im Bildungsbereich durch die Schulsprengel und staatliche Monopolisierung zahlreicher Leistungen (Dienstleistungen waren es im engen Sinne nicht). Interessant ist bei der Diagnose Schimanks und Volksmanns auch, dass auch in der Privatwirtschaft eine Konkurrenzvermeidung insofern erfolgte, als Anbieter auf dem Markt ihre Produkte immer so modifizierten, dass kein direkter Vergleich mit denen der Mitbewerber möglich war. Neben dieser Undurchsichtigkeit kam es zudem häufiger zur Bildung von Kartellen, also zu Preisabsprachen verschiedener Anbieter einer gleichen oder ähnlichen Ware. So war sichergestellt, dass sich an den sicheren Verhältnissen und Preisen auf dem Markt nicht viel änderte (vgl. ebd., S. 122ff).

Mit und nach dem Durchlaufen der ersten vier Schritte stellt sich dann der oben beschriebene Wandel ein und etabliert sich als fünfter: Sichere Arbeitsverhältnisse weichen dem dauerhaften Vergleich mit anderen. Das ultimative Mittel von Organisationen, um Druck gegenüber ihren Leistungserbringern (etwa Lehrkräften) oder Zulieferern (von Teilprodukten und Dienstleistungen) aufzubauen ist der andauernde Vergleich mit der Konkurrenz unter Androhung des Austauschs von sog. Minderleistern gegenüber frischen Arbeitskräften oder Dienstleistern. Das Outsourcing ist *die* Drohung schlechthin, mit der organisationale Interessen zur Profitsteigerung argumentativ durchgesetzt werden können. In Anlehnung an den englischen Begriff des Preisvergleichs nennen Schimank und Volkmann dies *shopping around*: Eine Organisation möchte eine bestimmte Dienstleistung auf dem Markt anbieten, legt Kriterien fest, die für dieses Angebot notwendig sind und vergleicht unterschiedliche Anbieter mit dem Ziel, es am preisgünstigsten zu realisieren. Für Mitglieder einer Organisation ist es nun wichtig zu wissen, dass dieses *shopping around* einen Dauerzustand darstellt, der sie in die Position bringt, sich fortwährend weiterzubilden und anzupassen, um nicht durch eine neue Arbeitskraft oder gar durch Leistungen eines Subunternehmers ausgetauscht zu werden. Angestellte internalisieren so die Drohungen und das Regime der Konkurrenz.

Im Bildungsbereich nennen die beiden ein sehr eindrückliches Beispiel: den Arbeitsmarkt von Lehrerinnen und Lehrern an öffentlichen Schulen. Waren dortige Lehrkräfte zuvor unzweifelhaft typische Beamte der jeweiligen Bundesländer (inklusive aller zugehörigen kursierenden Klischees und Witze, aber auch hinsichtlich der gegebenen Arbeitssicherheit und Pensionsansprüche), entstehen nun innerhalb der Zunft unterschiedliche Klassen. Bei Vakanzen (also nichtbesetzten Stellen) werden meist junge Lehrkräfte im Angestelltenverhältnis beschäftigt. Als wäre der Unterschied in der Bezahlung und den Rentenansprüchen nicht groß genug, wird der Konkurrenzdruck zwischen den angestellten Lehrern noch dadurch verschärft, dass eine Anstellung ggf. nur über die Dauer von zehn Monaten erfolgt – nämlich bis zu den Sommerferien. Dann müssen diese Arbeitslosengeld beziehen und sich auf ‚ihre' Stelle neu bewerben. Schulen können dann über bestimmte Portale ein *shopping around* ihrer Lehrkräfte betreiben. Es handelt sich um ein eindrückliches Beispiel dafür, wie das Normalarbeitsverhältnis durch eines ersetzt wurde, das durch Misstrauen und Unsicherheit gekennzeichnet ist. Als zeitweise einziges Bundesland war Berlin zwischenzeitlich dazu übergegangen, neu eingestellte Lehrkräfte überhaupt nicht mehr zu verbeamten, hat aber nun, wie Sachsen und Thüringen auch, die Verbeamtung wieder eingeführt. Befürworter eines freien Marktes (Neoliberale) würden hier ein Funktionieren des Arbeitsmarktes behaupten, weil die Bundesländer besser um ihre Lehrinnen und Lehrer konkurrieren könnten (vgl. ebd., S. 125f).[24]

Das umgreifende Regime der Konkurrenz höhlt dann aber nicht nur das Verhältnis von Organisationen zu ihren Mitgliedern aus, sondern untergräbt zugleich die funktionale Differenzierung moderner Gesellschaften und die Leistungsfähigkeit dieser. Ausschlaggebende Leitwerte der einzelnen gesellschaftlichen Sphären entstammen immer weniger den dortigen Eigenlogiken, sondern werden immer stärker quantitativ-ökonomisch bestimmt. Diese ‚Erosion', wie unsere beiden Autoren die Entwicklung bezeichnen, betrifft jede gesellschaftliche Sphäre, die dem Regime der Konkurrenz unterliegt, und erzeugt teilweise den Zielen der Sphären gegenläufige Praxisformen:

> „Dann lassen sich Wissenschaftler auf sachlich unangemessene Forschungsdesigns ein oder fälschen Resultate, um entsprechend der Performanzkriterien etwas vorweisen zu können. Ärzte praktizieren suboptimale Therapien [...], Lehrer nehmen pädagogisch nicht akzeptable Klassengrößen hin, Museumsdirektoren präsentieren künstlerisch Zweitklassiges [...] und Journalisten bedienen weit weg von seriöser Berichterstattung nur noch die Sensationslust, um Leser- und Zuschauerzahlen zu steigern." (ebd., S. 130)

Dieser schleichende Effekt wird begleitet von Effizienz- und Effektivitätsverlusten (vgl. Schimank, 2018, S. 10f), d. h. Ökonomisierung erzeugt mitunter das Gegenteil von dem, was sie verspricht. Genannt werden, exemplarisch wohlgemerkt, jeweils drei Phänomene, anhand derer man diese Verluste diagnostizieren kann. Die Effizienzverluste sind a) ein erhöhter organisatorischer Aufwand für die andauernde Evaluation der eigenen Leistungserbringung der sich stets wandelnden externen Leistungsmaßstäbe, der seinerseits Ressourcen bindet, die im Tagesgeschäft eingesetzt werden könnten. Hinzu kommt b) der sogenannte *organizational slack*, der sich dann zeigt, wenn etwa die Personaldecke durch Rationalisierungsmaßnahmen so ausgedünnt wurde, dass ein Funktionieren einer Einrichtung nicht mehr möglich ist, sobald ein unvorhergesehenes Ereignis eintritt.

---

24 Im deutschen Wissenschaftsbetrieb hat die Einführung des Wissenschaftszeitvertragsgesetzes (WissZeitVG) im Jahre 2007 dafür gesorgt, dass der akademische Mittelbau einem solchen Konkurrenzverhältnis zugeführt wurde. Dort angesiedelte Dauerstellen (akademische (Ober-)Räte) wurden größtenteils durch Wissenschaftliche-Mitarbeiter-Stellen ersetzt, die von Doktoranden oder Habilitanden fortan nur noch im Regelfall jeweils sechs Jahre besetzt werden durften – danach muss ein Qualifikationsschritt erfolgen, ein Ruf auf eine Professur o. Ä., anderenfalls muss man aus dem Wissenschaftsbetrieb aussteigen oder von Drittmittelprojekt zu Drittmittelprojekt wechseln. Für diese Situation hat sich der Begriff des ‚akademischen Prekariats' etabliert. In weniger drastischer Weise sind aber auch Professores durch die sog. leistungsbezogene Besoldung und faktische Abhängigkeit von Drittmitteln stärker vom Ökonomisierungsdruck betroffen als in den vergangenen Jahrzehnten (vgl. Schimank & Volkmann, 2017, S. 131; Schimank, 2008).

Denken Sie hier bspw. an den immer schlechter werdenden Betreuungsschlüssel in Kindertagesstätten oder in der Krankenpflege. Ein dritter Effizienzverlust tritt dadurch zutage, dass c) eine ‚Winner-takes-it-all-Mentalität' (z. B. in der Exzellenzförderung von Universitäten, der Verteilung von Stipendien usw.) zu den Gewinnern ein Vielfaches an Verlierern produziert, die die gleiche Vorbereitung und Zeit investierten, aber wortwörtlich leer ausgehen.[25]

Zu diesen drei Effizienzverlusten kommen drei Formen von Effektivitätsverlusten, also tatsächlicher Reduktionen des Leistungsangebots (vgl. ebd., S. 11f). Hierzu zählt a) eine ‚Reduktion des Angebots', um vermeintlichen Leerlauf zu vermeiden: Hausärzte bekommen seitens der kassenärztlichen Vereinigung ein geringeres Budget zur Behandlung von Patientinnen und Patienten zugewiesen, offene Stellen in der Stadtbibliothek werden nicht besetzt usw. Zusätzlich sinkt b) die ‚Qualität der erbrachten Leistung', wenn Stellen an Subunternehmer ausgelagert oder Kräfte mit geringeren Qualifikationen (und demnach geringeren Lohn- und Lohnnebenkosten) eingestellt werden. Schließlich schwindet das, was Schimank und Volkmann c) die *Responsivität* gegenüber Leistungsempfängern nennen. Das bedeutet, dass es zu einer Entkopplung kommt zwischen dem, was Leistungsempfänger (SuS, Patienten, Bibliotheksnutzer) benötigen und dem, was ihnen tatsächlich angeboten wird. All dies zusammengenommen führt dann zu einer „unfreiwillige[n] Unterschreitung eines zuvor erreichten und als richtig erachteten Leistungsniveaus" (ebd., S. 12).

Wie geht man nun als Betroffene oder Betroffener mit dieser Situation um, die historisch gewachsen und recht komplex, demnach zweifelsohne schwer rückgängig zu machen ist? Als sechsten Schritt der Ökonomisierungsdynamik werden Gegenkräfte benannt, die sich dem Regime der Konkurrenz widersetzen (vgl. Schimank & Volkmann, 2017, S. 132ff). Wir finden diese zumeist sowohl auf individueller Ebene (soziologisch gesprochen: auf der Mikroebene der Gesellschaft) als auch in organisierten Gruppen und Teilorganisationen (Mesoebene). Versuche, auf der Makroebene Veränderungen zu erzeugen, bspw. durch eine radikal antikapitalistische Wirtschaftspolitik, sind seit dem Ende des Kalten Krieges kaum noch zu bemerken.

Bisher geschildert wurden unglückliche Fälle stetig steigernder negativer Entwicklung. Zugleich müssen wir aber auch festhalten: Nicht überall und nicht im

25 Ein Beispiel aus der Wissenschaftspraxis: Die Bewilligungsquote für die im Jahr 2019 bei der Deutschen Forschungsgemeinschaft (DFG) eingereichten Forschungsanträge betrug in den Geistes- und Sozialwissenschaften 24,7%. Das bedeutet im Umkehrschluss, dass drei Viertel aller dort gestellten Anträge zumindest bei der ersten Einreichung erfolglos war. Ein von der DFG finanziertes Drittmittelprojekt ist allgemein sehr prestigeträchtig, erfordert aber hunderte Stunden Vorbereitung zur Antragstellung. Bei rund 13.800 positiv beschiedenen Einzelförderungen im gleichen Jahr (über alle Disziplinen) sind das über 41.000 abgelehnte Erstanträge. Vgl. https://web.archive.org/web/20210310101450/https://www.dfg.de/dfg_profil/zahlen_fakten/statistik/bearbeitungsdauer/index.html.

gleichen Maße ist die Ökonomisierung so geglückt, wie es sich ihre Proponenten vielleicht gewünscht haben. Es stellt sich also die Frage: Wo sind Orte und Praktiken des Widerstands? Als mögliches Korrektiv zur Landnahme mag zunächst der Verweis auf ein professionelles Ethos dienen. Dieses steht für eine gewisse moralische Haltung, die im professionellen Handeln zum Tragen kommt. Als Beispiel für ein medizinisches Ethos mag *primum non nocere* (lat. zuvorderst nicht schaden) sinnbildlich stehen – eine sich selbst auferlegte Verpflichtung zum eigenen Handeln, unabhängig äußerer Faktoren.[26] Ein solcher Faktor ist bspw. die Entscheidung eines Trägers, eine pädagogische Einrichtung trotz nachweislich guter Arbeit in Zukunft weniger zu bezuschussen, sodass ein Kürzungsdruck auf der Einrichtung lastet. Die Vergegenwärtigung eines beruflichen Ethos kann hier entscheidend sein, um der innerorganisatorischen Reaktion auf den Kürzungsimperativ zu begegnen.[27] Ein starker Konflikt zwischen einem beruflichen Ethos und der Ökonomisierung mag besonders in den Berufen zutage treten, die nicht ergriffen werden, um nach Ausbildung oder Studium an die Spitze der Einkommenspyramide zu steigen, also in der Krankenpflege genauso wie in fast allen pädagogischen Berufen.

Es kann nun die Situation eintreten, dass die entscheidenden Stellen sich aus bestimmten Gründen für eine affirmative (also bejahende) Haltung gegenüber der Ökonomisierung entscheiden. In diesen entsteht dann mitunter Widerstand auf der Mikroebene, also im Handeln einzelner Organisationsmitglieder. Am Beispiel australischer Professorinnen und Professoren – die sich unerwartet mit NPM-Maßnahmen konfrontiert sahen – referieren Uwe Schimank und Ute Volkmann drei Strategien. Die erste ist die sog. *qualified compliance* (etwa: bedingte Erfüllung). Damit gemeint ist ein oberflächliches Arrangieren mit den neuen Verhaltens- und Handlungsvorschriften, wobei dies in einer Weise getan wird, „die im Extremfall das mit den Regeln Beabsichtigte massiv sabotiert" (ebd., S. 145). Als zweites Mittel kommt *refusal* (Ablehnung) ins Spiel. Es bedeutet eine Verweigerungshaltung, die auf Nachfrage mit Zeitmangel oder Vergesslichkeit begründet werden kann und schwer zu ahnden ist, sofern keine dauerhafte und umfassende Überwachung der Leistungserbringer möglich ist. Drittens erlaubt die *avoidance* (Vermeidung) das gezielte Ignorieren von unliebsamen Arbeitsanweisungen, weil das Anmahnen und Wiederauffordern seitens der Leitung

26 Eine symbolträchtige Materialisierung dieses professionellen medizinischen Ethos ist der sog. ‚Hippokratische Eid', auf den Ärzte aber entgegen landläufiger Meinung schon sehr lange bei der Approbation nicht mehr schwören. Er ist aber dennoch erwähnenswert, weil der heute nicht unumstrittene Hartmut von Hentig Anfang der 1990er-Jahre analog den ‚Sokratischen Eid' als Schwur für Lehrerinnen und Lehrer formuliert hat.

27 Schimank und Volkmann entfalten hier eine Typisierung verschiedener Leistungserbringer und entwerfen eine Matrix, in der das Reagierenmüssen vom Reagierenkönnen und Reagierenwollen differenziert und mit ihnen in Beziehung gesetzt wird. Aus Raumgründen kann dies hier nur als Randnotiz bestehen, vgl. Schimank & Volkmann, 2017, S. 132 ff.

auch immer mit erheblichem Arbeitsaufwand verbunden sind. Die Professores in unserem Beispiel haben bspw. nur noch Arbeitsaufträge tatsächlich bearbeitet, die mehrfach angemahnt wurden. Darüber hinaus gibt es noch weitere individuelle Strategien (wie die häufige Arbeitsunfähigkeitsmeldung), die allerdings die Praktizierenden schnell ins Rampenlicht und Erklärungsnöte bringen.

Neben diesen individuellen Strategien gibt es noch immer die Möglichkeit des kollektiven Widerstands. Dazu zählen Formen der gemeinsamen Organisation, die zugleich in Entscheidungsprozesse der Einrichtung eingebunden sind: Gewerkschaften, Gremien, Berufsverbände usw.[28]

Darüber hinaus gibt es aber noch weitere Möglichkeiten, Druck auf das Management zu erhöhen. Dazu gehören Absprachen untereinander, die im Sinne der *qualified compliance* fungieren, also etwa Bummelstreiks oder häufige Krankschreibungen ganzer Abteilungen. Als mächtiges Mittel steht zudem der Gang an die Öffentlichkeit über die Presse mit dem Ziel der Skandalisierung zur Verfügung. Hierfür gibt es gelingende Beispiele (wie die bereits genannte, nur kurz währende Einführung von Studiengebühren) und leider auch misslingende (wie häufige und lange, aber erfolglose Proteste gegen die Hartz-Reformen). Denn: „Die größte Schwierigkeit kollektiven Widerstands ist, dass viele solcher Aktivitäten eine ziemlich hohe Hürde kollektiver Mobilisierung überwinden müssen" (ebd., S. 149).

Davon (und vom Empfinden der Leistungserbringer) unabhängig kann sich auch das entwickeln, was Schimank und Volkmann *funktionale Widerständigkeiten* nennen. Am Beispiel der Dokumentationspflicht verdeutlichen sie, wie diese sich über die Zeit entwickeln: Zu Beginn wird noch guten Gewissens versucht, alle Formulare und Berichte gewissenhaft zu erledigen (auch zulasten eigener Pausen oder anderer Aufgaben), aber irgendwann dreht sich diese Priorisierung um. Hier ist es dann wiederum das berufliche Ethos, das gegenüber den Ökonomisierungsversuchen gewinnt (vgl. ebd., S. 151).

Fassen wir zusammen: Uwe Schimank und Ute Volkmann liefern uns eine soziologische Betrachtung der Ökonomisierungsdynamiken; nicht aus Sicht einer bestimmten gesellschaftlichen Sphäre, sondern mit Blick darauf, wie sich Gesellschaft insgesamt und die unterschiedlichen Sphären zueinander verändern. Diese Dynamik erfolgt sequenziell (also in einer bestimmten Reihenfolge) und erstreckt sich etwa über die letzten 50 Jahre. Für uns bedeutet diese Theorie, dass für eine Beobachtung und Beschreibung pädagogischer Ökonomisierungsdynamiken zum einen eine besondere Berücksichtigung erziehungswissenschaftlicher

---

28 In pädagogischen Handlungsfeldern sind unterschiedliche Gewerkschaften aktiv: die Gewerkschaft Erziehung und Wissenschaft (GEW), die sich auch für die Belange von Studierenden einsetzt; der Verband Bildung und Erziehung (VBE), der Deutsche Philologenverband (DPhV) sowie weitere wie die Vereinte Dienstleistungsgewerkschaft (Verdi) und kirchliche Gewerkschaften.

Tabelle 4: Sechs Schritte der Ökonomisierung nach Schimank & Volkmann (2017)

Schritt	Kennzeichen
1. Inklusion	• Höhere Beteiligungsquote an sozialstaatlichen Leistungen • Globalisierung und Finanzmarktkapitalismus
2. Neoliberalismus	• (Leistungsfähiges) Individuum gegen (verschwenderischen) Staat • Performative Affirmation des homo oeconomicus • Ubiquitäre Märkte und Privatisierung
3. New Public Management	• Deregulierung, Zweckprogrammierung, Stärkung der Organisationsleitung • (Quasi-)Märkte statt staatlicher Organisation
4. Kommodifizierung	• Warenförmigkeit bisher staatlicher Dienstleistungen • Eingepreiste Gewinnerzielung (hohe Kosten für Adressaten), Gewinndruck
5. Konkurrenz	• Dauerhafter Vergleich (shopping around) & Austausch, Outsourcing • Misstrauen und Unsicherheit • Effizienz- und Effektivitätsverluste
6. Gegenkräfte	• Wahrnehmung der Differenz von Ethos und Auftrag • Qualified Compliance, Refusal Avoidance • Kollektiver Widerstand (Gewerkschaften, öffentlicher Druck) • Funktionale Widerständigkeiten

Fragestellungen und Grundfragen benötigt wird, die Schimank und Volkmann nicht leisten können, wie sich schon an der unterschiedlichen Verwendung der Begriffe Bildung und Inklusion zeigt. Zum anderen bleiben andere Transformationsdynamiken unbeachtet: Schimank und Volkmann liefern keine Theorie großer Reichweite (wie etwa Bourdieu), sondern beschränken sich hier auf eine bestimmte Transformation vor dem Hintergrund einer Theorie funktionaler Differenzierung bzw. einer soziologischen Systemtheorie. Dennoch kann und soll uns dieses Beispiel dazu dienen zu veranschaulichen, wie sich Ökonomisierungsprozesse abstrahieren lassen und theoretisiert werden können. Unsere kritische Rezeption dieser Theorie, ihre Infragestellung bezüglich universeller Gültigkeit und der Vergleiche mit dem Gesundheitswesen sind dann das, was ein *erziehungswissenschaftliches* Ethos ausmachen.

Fragen zur Reflexion des Abschnitts 2.1

1. Welche Aspekte der Moderne sind für die Theorie Schimanks und Volkmanns relevant und warum? Wo stößt die Moderne an ihre Grenzen?
2. Was sind Quasi-Märkte und wie unterscheiden sie sich von ‚echten' Märkten? Kennen Sie ein pädagogisches Beispiel dafür?
3. Halten Sie den Begriff der Landnahme für die Umsteuerung von Organisationen nach der neoliberalen Idee des New Public Management für angemessen? Warum/warum nicht?
4. Ist das Verhältnis von privaten Sendern und dem öffentlich-rechtlichen Rundfunk das Gleiche wie das zwischen privaten und staatlichen Schulen? Worin gibt es ggf. Differenzen?
5. Nennen und diskutieren Sie weitere Beispiele für Effektivitäts- und Effizienzverluste in pädagogischen Einrichtungen. Kennen Sie Beispiele aus ihrer studentischen Praxis?
6. Welche Beispiele für Widerstand auf der Mikro-Ebene fallen Ihnen für pädagogische Berufsfelder ein?
7. Aus welcher Theorie argumentieren Schimank & Volkmann? An welchen Begriffen und Schwerpunktsetzungen zeigt sich deren Position?

2.2 Pierre Bourdieu: Kapitaltheorie und gesellschaftliche Felder

Schon die Person und Biografie des Franzosen Pierre Bourdieu (1930–2002) würde ein eigenes Kapitel verdienen: Aus dem ländlichen Südfrankreich stammend wandte er sich während des Studiums kontinentaleuropäischer Philosophie zu und begann eine Dissertation zur Auseinandersetzung mit dem Zeitbegriff beim Phänomenologen Martin Heidegger. Durch seinen Wehrdienst, der ihn 1955 direkt in den Algerienkrieg brachte, wurde sein Interesse für ethnologische Forschung und soziologische Fragestellungen so stark, dass er (wie viele andere auch) vom Philosophen zum Soziologen transformierte. Als solcher machte Bourdieu eine bemerkenswerte Karriere von der *Sorbonne* über die *École des hautes études en sciences sociales* (EHESS) zum *Collège de France*, alle drei in Paris, dem Macht- und Wissenschaftszentrum des stark auf die Hauptstadt fokussierten Frankreichs. Mindestens zwei Publikationen haben ihm Weltruhm eingebracht: Die *Illusion der Chancengleichheit*, welche er 1971 gemeinsam mit Jean-Claude Passeron veröffentlichte und in der er am Beispiel des französischen Bildungssystems das Versprechen des Aufstiegs durch Bildung radikal infrage stellte. Das Werk avancierte zum soziologischen Klassiker. Zweitens ist Die *feinen Unterschiede* zu nennen, das 1979 zuerst erschien und eine Synthese seiner langjährigen Forschung zur modernen Gesellschaft darstellt (vgl. Bourdieu, 2003). Auch dies ist zweifelsohne ein kanonisch gewordenes Werk, in dem zudem die mit Bourdieu verbundenen Grundbegriffe *Habitus*, *Kapital* und *soziales Feld* zueinander in Verbindung gebracht werden. Bourdieu war nicht nur französischer Intellektueller, sondern verstand seine Forschung stets vor dem Hintergrund politscher Notwendigkeit. Bekannt geworden ist bspw. die Unterstützung Bourdieus bei einem Arbeiterstreik der Eisenbahngewerkschaft. Als ironischer Zug seiner Biografie besteht die Erkenntnis darüber, dass für die Zugehörigkeit zu höheren Strata der Gesellschaft das Beherrschen der Hochsprache erforderlich ist. Obgleich ihm fraglos ein unvergleichlicher sozialer wie auch Bildungsaufstieg gelang, litt er zeitlebens darunter, seinen südfranzösischen, i. e. ländlichen Sozio- und Regiolekt beibehalten zu haben.

Pierre Bourdieu, das kann man ohne den Verdacht der Übertreibung behaupten, war einer der größten Soziologen des 20. Jahrhunderts und hat sich darum verdient gemacht, als einer der letzten Theoretiker einen großen Entwurf über das Funktionieren von Gesellschaft zu liefern. Er greift zu großen Teilen auf die Kapitaltheorie von Karl Marx zurück, weswegen zunächst eine Rekapitulation dieser erfolgt, um dann den Kapitalbegriff Bourdieus einzuholen. Kapital, das ist die These beider, ist der entscheidende Faktor zur Differenzierung der Gesellschaft. Während Karl Marx seine Theorie in der Wiege der industriellen Revolution schrieb, passte Bourdieu seinen Kapitalbegriff auf Lebensbedingungen und Gesellschaften der Moderne an. Aus diesem Grund differenziert jener verschiedene Kapitalsorten voneinander, ebenso wie er gesellschaftliche Felder unterscheidet. Diese sind in etwa Entsprechungen zu den gesellschaftlichen Sphären in Luhmann'scher Lesart, unterscheiden sich aber dennoch von ihnen. Aus diesem Grund werden wir der Feldtheorie ein Unterkapitel widmen, bevor wir uns dann dem Habitus und seiner Ökonomisierung zuwenden.[29]

2.2.1 Das Kapital bei Marx und Bourdieu

Der Begriff des Kapitals gilt als seither einem wirtschaftlichen Denken zugehörig. Bereits in der Antike wurden darunter Dinge, Tiere und Menschen (Sklaven) gefasst, die die Vermehrung des eigenen Vermögens ermöglichen. Mit der Ausdehnung des englischen Kapitalismus (lies: Kolonialismus) wurde dem Begriff eine größere Aufmerksamkeit zuteil. Soziologisch relevant wurde der Kapitalbegriff dann erstmals beim englischen Philosophen David Hume, der das Vorhanden-

29 Für die Theorie Bourdieus gilt wie für alle anderen referenzierten Theorien: Sie hier vollständig repräsentieren zu können, ist ein Ding der Unmöglichkeit. Lassen Sie sich bitte daher von den genannten Argumenten inspirieren und lesen Sie die Primärliteratur. Als Beispiel für die begriffliche Schärfe und analytische Treffsicherheit Bourdieus sei seine ethnografische Studie *Junggesellenball* (2008) über das Heiratsverhalten der bäuerlichen Gesellschaft mit Nachdruck empfohlen. Entsprechende Lektüreempfehlungen zur begleitenden Einführung sind Barlösius, 2011; Müller, 2014 und Schwingel, 2018.

sein von Kapital eng mit der Möglichkeit der Machtausübung verband. Es dauerte dann noch ein weiteres Jahrhundert, bis Karl Marx 1867 das Kapital als zentralen Mechanismus der kapitalistischen Gesellschaft analysierte und kritisierte. Zur gleichen Zeit erkannten Ökonomen, dass auch soziale Beziehungen, Fähigkeiten und Talente kapitalistisch, also ‚wie Kapital' wirksam sein können (vgl. Rehbein & Saalmann, 2014c, S. 134).

Obwohl andere schneller waren, ist es vor allem Karl Marx zu verdanken, dass der Kapitalbegriff in der Soziologie zur analytischen Größe wurde. Gesellschaft, so Marx, lässt sich nur verstehen, wenn man die Verteilung, aber auch die Generierung von Kapital genau rekonstruiert. Die Klassengesellschaft im marxschen Sinne besteht aus zwei Grundklassen: der Bourgeoisie, die über Produktionsmittel verfügt, und dem Proletariat, dem nur die eigene Arbeitskraft zur Akkumulation von Vermögen zur Verfügung steht. Produktionsmittel sind materielle Gegenstände, die die Anhäufung von Kapital ermöglichen: Grund, Fabriken, Maschinen und dergleichen mehr. Das Verhältnis der Klassen zueinander ist ein gegenseitig bedingtes: Lohnarbeiter geben den Kapitalisten ihre Arbeitskraft, bekommen aber im Gegenzug weniger dafür zurück, als Letztgenannte mir ihr erwirtschaften. Dieses Surplus wird entweder in weitere Produktionsmittel investiert oder von ihnen konsumiert (also ausgezahlt). Somit wächst der Klassenunterschied im Kapitalismus beständig weiter: Über die Zeit wird zwar immer mehr Kapital geschaffen, es gerät aber in immer weniger Hände. Dieses *Produktionsverhältnis* zwischen den Klassen mündet, so die Theorie des historischen Materialismus, zwangsläufig in der Revolution. Voraussetzung dafür ist jedoch, dass die faktischen Klassenunterschiede („Klasse an sich") vom Proletariat als solche wahrgenommen werden („Klasse für sich").[30]

Bourdieu war es dann, der eine Anpassung des Kapitalbegriffs auf Bedingungen der Moderne vornahm. Der Begriff

> „umfasst alle Ressourcen, die *gesellschaftlich* wertvoll sind, nicht nur (wie bis zur klassischen Ökonomie) einen Vorrat, der sich vermehrt, und nicht nur (wie seit der klassischen Ökonomie) einen Vorrat, der zur Produktion von Geld in messbarem Mehrwert eingesetzt wird. Bourdieus erweiterter Kapitalbegriff bezieht sich auf alle Entitäten, die Handlungsmöglichkeiten eröffnen und eine Bewahrung oder Verbesserung der sozialen Position ermöglichen." (Rehbein & Saalmann, 2014c, S. 134f; Hervorhebung im Original)

Die gesellschaftliche Struktur hat sich seit Marx offenbar verändert: So gibt es bspw. eine nennenswert große lohnabhängige Klasse des Bürgertums, die

---

30 Die Verhältnisse zwischen den Klassen waren selbstredend bereits bei Marx schon sehr viel komplexer, als es hier nur skizziert werden kann. Zur Einführung in das Denken Marx' empfehle ich Ihnen Schmidt, 2018.

etwa als Landes- und Bundesbeamte vom kapitalistischen Produktionsprozess der Volkswirtschaft größtenteils ausgenommen sind. Auch sind andere Formen des Kapitals in einer postindustriellen Dienstleistungsgesellschaft relevant für die Zuteilung von Lebenschancen und die Differenzierung unterschiedlicher Lebenslagen. Entrückt von der oben geschilderten materialistischen Perspektive lässt sich für Bourdieu festhalten: „Kapital ist Macht in einer sozialen Beziehung, also nur in Relationen zu bestimmen" (ebd., S. 135). Daraus folgen zwei für uns relevante Konsequenzen: 1) Kapital als Manifestation von Macht im Sinne der Einflussnahme auf soziale Verhältnisse und den Erhalt des eigenen Status ist heute sehr viel komplexer als bei Marx (das werden wir im folgenden Abschnitt vertiefen). Und 2) Wenn es immaterielles Kapital gibt, dann muss es Praktiken und gesellschaftliche Mechanismen geben, die über deren Verteilung bestimmen. Es liegt nahe, dass Bildungsabschlüsse und -zertifikate eine Rolle dabei spielen.

Beiden Kapitalbegriffen gemein ist die Verknüpfung von Kapital und Macht: Wer über Kapital verfügt, verfügt sogleich über Macht. Zugleich kann eine Machtposition der weiteren Kapitalakkumulation dienen. Nicht nur die Entstehung, sondern auch die Verwendung von Kapital bedarf einer genauen Analyse. Bourdieu folgt dabei wie Marx der Idee des historischen Materialismus und beginnt seine Ausführungen zu den Kapitalsorten mit dem pointierten Satz: „Die gesellschaftliche Welt ist akkumulierte Geschichte" (Bourdieu, 2015b, S. 49). Auf diese Weise plausibilisiert er die Bedeutung des Kapitals als Ort der Akkumulation von Arbeit, wie es auch Marx bereits tat. Das bedeutet auch: Kapital ist allgemein vergleichsweise träge und tendiert zur Verstetigung. Das lässt auch das Beispiel sozialer Umwälzungen leicht veranschaulichen. Revolutionen, die eine Umwälzung sozialer Ordnung und Reorganisation der Verteilung von Kapital bedeuten, geschehen vergleichsweise selten.

Bourdieu grenzt sich von einem rein wirtschaftswissenschaftlichen, absoluten Kapitalbegriff ab, der auf eine Fokussierung unmittelbarer Kosten und Nutzen beschränkt bleibt und nicht in der Lage ist, große Teile menschlicher Praxis in ihrer Vielschichtigkeit und Ambivalenz zu erklären. Dazu gehören auch menschliche Praxen, die nicht unmittelbar ökonomisch abgebildet werden, aber einen großen Beitrag zur Erziehung und Bildung von Menschen leisten – denken Sie bspw. an die Debatte um häusliche und unbezahlte Care-Arbeit, die noch immer zumeist von Frauen durchgeführt wird.

Es geht also Bourdieu darum, das Unsichtbare sichtbar zu machen und komplexe Verhältnisse zwischen unterschiedlichen Formen akkumulierter Arbeit (sprich: unterschiedlichen Kapitalsorten) sichtbar zu machen und in Beziehung zu setzen. Ein besonderes Merkmal ist dabei die Tauschbarkeit der verschiedenen Kapitalsorten ineinander. Eine solche Analyse dient dann der genaueren Analyse gesellschaftlicher Verhältnisse und ungeklärter Fragen, die auch für uns relevant sind. Pädagogisch gewendet: Wieso ist bspw. die Studierendenquote unter Akademikerkindern so viel höher als bei Kindern, deren Eltern nicht studiert haben,[31] wenn doch kein Schulgeld und auch keine Studiengebühren erhoben werden, mithin also keine finanziellen Hürden vorliegen?

2.2.2 Kapitalsorten

Neben dem ökonomischen Kapital, das aus unmittelbar verfügbaren Mitteln wie Zeit und Geld besteht, spricht Bourdieu von drei unterschiedlichen Kapitalsorten (oder: Kapitalien), die voneinander unterschieden werden können. Was macht diese aus?

Die erste Form ist das *kulturelle Kapital*. Den Ausgangspunkt seiner Untersuchung nahm Bourdieu in der weit verbreiteten Annahme, dass die Anstrengung seitens der Schülerinnen und Schüler für den Schulerfolg – also Noten und Abschlüsse – ausschlaggebend sei. Er kritisiert dabei die (auch heute noch in Teilen der Erziehungswissenschaft) verbreitete Humankapitaltheorie, die eben nur solche Faktoren in ihre Kosten-Nutzen-Rechnung einbezieht, die sich entsprechend operationalisieren lassen. Es gibt aber, so Bourdieus These, unsichtbare Mechanismen des Erziehungssystems, das zur Aufrechterhaltung bzw. Reproduktion der Sozial- und Kapitalstruktur der Gesellschaft beiträgt, „indem es die Vererbung von kulturellem Kapital sanktioniert“ (ebd., S. 55). Ein Beispiel dafür ist die Fähigkeit von Schülerinnen und Schülern, sich bildungssprachlich auszudrücken. Durch dieses von den Eltern ererbte kulturelle Kapital wird entweder eine sprachliche Nähe zu Lehrkräften hergestellt oder eine entsprechende Distanz. Diesen unsichtbaren Vorgang bezeichnet Bourdieu treffend als „Transmission [Übertragung; MFB] kulturellen Kapitals in der Familie“ (ebd.). Kulturelles Kapital ist also erst einmal dieses, was Menschen in bestimmten sozialen Situationen handlungsfähig macht und bleiben lässt. Neben Sprache sind das bestimmte kulturell vorliegende Verhaltens-, Haltungs- und Höflichkeitsformen und dergleichen mehr.

Ein großer Teil dieses kulturellen Kapitals ist *inkorporiert*, also an das jeweilige Individuum gebunden. Am Beispiel der Bildungssprache lässt sich das verdeutlichen: Ihr Erlernen ist – wie jedes andere Lernen auch – unvertretbar, d. h., man kann es nicht ‚outsourcen‘ und durch eine andere Person durchführen lassen. Auch kann das einmal erworbene inkorporierte Kapital – Bildungssprache genauso wie „eine sichtbare Muskulatur oder gebräunte Haut“ (ebd.) – nicht einfach an andere weitergegeben werden. Im weiten, soziologischen Sinne kann hier also durchaus von inkorporiertem kulturellem Kapital als Bildung die Rede sein, die entweder aus Erziehungsanstrengungen oder Sozialisation hervorgeht. Weil

---

31 Von 100 Akademikerkindern beginnen 74 ein Studium; 45 beenden ihre Bildungskarriere mit einem Master-Abschluss. Bei Erstakademikern liegen diese Zahlen bei nur 21 bzw. 8, vgl. Diemand, 2020.

das kulturelle Kapital in diesem Fall verinnerlicht ist, ist es zugleich Teil des *Habitus*. Darunter fasst Bourdieu all jene Denk-, Sprech- und Handlungsmuster, die unser Auftreten in der sozialen Welt ausmachen (wir werden später darauf zurückkommen).

Der zu Beginn des Abschnitts genannte relative Charakter des Kapitals bei Bourdieu lässt sich hieran anschaulich machen: Wer „in einer Welt von Analphabeten" (ebd., S. 57) des Lesens mächtig ist, dessen kulturelles Kapital ist aufgrund des Seltenheitswerts als hoch einzustufen und demnach einfach in ökonomisches Kapital zu transformieren. Zugleich kann es sein, dass, wie im Mittelalter, überhaupt erst ein hohes ökonomisches Kapital notwendig ist, um eine Aneignung der Lesefähigkeit zu ermöglichen. Dazu zählt auch, dass überhaupt erst eine freie Zeit abseits ökonomischer Zwänge vorliegen muss, in der die Akkumulation kulturellen Kapitals erfolgen kann.[32] Die Unterrichts- bzw. Schulpflicht kann hier zweifelsohne als besondere kulturelle Errungenschaft und Voraussetzung dafür zählen.

In Abgrenzung vom inkorporierten gibt es zudem *objektiviertes kulturelles Kapital*. Wie die Bezeichnung bereits andeutet, handelt es sich hierbei um materielle Objekte, die eine Übertragbarkeit bzw. einen Handel zwischen Individuen erlauben. Dazu zählen traditionell Bücher, Kunstwerke und andere Sammelgegenstände, denen es gemein ist, dass ein bestimmtes inkorporiertes kulturelles Kapital vorausgesetzt wird, um es angemessen nutzen und investieren zu können. Die Akquise einer Kunstsammlung ist prinzipiell allen möglich, die über ein Erbe, Lottogewinn o. Ä. über große Mengen Geld verfügen. Die Nutzung dieser, um sich in eine bestimmte gesellschaftlich angesehene Position zu bringen (Bourdieu spricht vom Einsatz oder sogar von der Wendung als „Waffe", ebd., S. 61), funktioniert nach anderen Regeln (auch hierzu später mehr).

Als dritte Form nennt Bourdieu das *institutionalisierte kulturelle Kapital*. Dazu zählen vornehmlich Bildungszertifikate, also Schul- und Hochschulabschlüsse. In Abgrenzung zum inkorporierten kulturellen Kapital haben sie die Vorteile, dass diese a) nicht den biologischen (Alterungs-)Prozessen unterlegen sind und b) eine Vergleichbarkeit und Abgrenzung ermöglichen. In gleicher Weise wie in Deutschland eine Fahrerlaubnis bisher das gesamte Leben lang gültig blieb, verleiht institutionalisiertes kulturelles Kapital seinem Inhaber oder seiner Inhaberin einen dauerhaften Ausweis eines bestimmten Könnens, selbst wenn dieses faktisch nicht mehr vorliegt. Durch komplizierte statistische Verfahren lässt sich heute der Tauschwert zu ökonomischem Kapital ermitteln. Abbilden lässt sich das etwa im antizipierten zusätzlichen Einkommen bis zur Rente, dem die Investition von Zeit und Geld gegenübersteht. Der ökonomische Wert bspw. eines Doktorgrads hängt jedoch stark vom jeweiligen Arbeitsmarkt ab: für niedergelassene Hausärzte ist er

32 Der Begriff der Schule hat hierin übrigens seine etymologischen Wurzeln: Das altgriechische Wort *σχολή* (skholḗ) bedeutet Muße bzw. Zeit zur Diskussion und freien Verfügung.

vermutlich sehr viel weniger wichtig als für Betriebswirte, die ihn für den Aufstieg in die Vorstandsetage mit immer größer werdender Wahrscheinlichkeit werden vorweisen können müssen. Zugleich sind bestimmte Abschlüsse notwendig, um etwa Positionen im öffentlichen Dienst zu bekleiden – völlig unabhängig davon, mit welcher Note und an welcher Uni.

Neben den drei Formen kulturellen ist auch das *soziale Kapital* für das Verstehen von Gesellschaft und ihrer Sozialstruktur essenziell. Darunter sind einerseits Kontakte, Netzwerke usw. zu verstehen, die der Akquise von Kapital dienlich sind, und andererseits Orte, an denen Kapital investiert und vermehrt werden kann. Über diese Ressourcen verfügt nur, wer die Zugehörigkeit zu bestimmten sozialen Milieus, Gruppen usw. aufweisen kann. Diese sind entweder materiell bedingt (eine Mitgliedschaft im Country-Club bspw.) oder immateriell (Einheirat in den Adel). Auch hier ist die Trennung keine strikte, wie sich bspw. an Netzwerken von Alumni renommierter US-amerikanischer Universitäten zeigt. Die Gesamtheit der einzelnen Beziehungen und Netzwerke bildet dann die Kreditwürdigkeit des jeweiligen Individuums, welche eingesetzt werden kann als Zugang zu ökonomischem oder kulturellem Kapital, z. B. in Form verbürgter Kredite oder zu ansonsten schwer bis nicht erreichbaren Arbeitsmöglichkeiten usw. Insofern wirkt das soziale Kapital als Multiplikator der anderen Kapitalsorten (vgl. ebd., S. 64). Soziologisch gesprochen werden durch Wiederholungshandlungen des Kennens und Anerkennens Kontakte und Verbindungen institutionalisiert, also auf Dauer gestellt. Die Öffnung gegenüber neuen Kontakten und der Wille, seine eigenen Netzwerke und Kapitalien zu teilen, sind dabei zugleich inkorporiertes kulturelles Kapital. Auch Manieren stellen eine Mischform dar, weil ihre Beherrschung immer auch auf eine bestimmte soziale Zugehörigkeit verweist.

Im *symbolischen Kapital* kommt dann einerseits das inkorporierte kulturelle Kapital zum Tragen, andererseits zudem das soziale und auch ökonomische Kapital. Der ‚gute Name' symbolisiert dann die soziale Existenz eines Einzelnen in Gänze. Mit dem symbolischen Kapital werden dann die Möglichkeiten der Kapitalakkumulation in und für die Öffentlichkeit sichtbar – und diese Realisierung kann nur durchführen, wer über den richtigen Habitus, die richtigen Kontakte und die richtigen Bildungsabschlüsse verfügt. Unter den Stichworten der Ehre, der Reputation und des Prestiges lässt sich diese Kapitalform treffend zusammenfassen. Mit anderen Worten: nur durch die Anerkennung in der Öffentlichkeit kommt symbolisches Kapital zur Geltung und funktioniert als *Zuschreibung* des Trägers von etwas, „das er nicht unter Beweis gestellt hat" (Rehbein & Saalmannn, 2014c, S. 138). In Tabelle 5 sind die unterschiedlichen Kapitalformen unter der Frage ihrer Zusammensetzung aufgelistet. Andere Kategorien (z. B. ihr Erwerb, ihre Tauschbarkeit und ihre Verteilung) sind hier aus Gründen der Einfachheit ausgespart.[33]

Tabelle 5: Kapitalformen und ihre Zusammensetzung nach Bourdieu (2015b)

Ökonomisches Kapital	Kulturelles Kapital			Soziales Kapital	Symbolisches Kapital
	Inkorporiert	Objektiviert	Institutionalisiert		
Zeit, Geld	Können, Wissen, Bildung	Gegenstände	Bildungszertifikate	Kontakte, Netzwerke	Reputation, Prestige

Nun sind bei jedem von uns die verschiedenen Kapitalformen in unterschiedlicher Menge (absolut) und in unterschiedlichen Verhältnissen zueinander (relativ) vorhanden. Bourdieus Begriff des *sozialen Raums* beschreibt diese Ungleichheit: Person A kann bspw. über sehr viel ökonomisches Kapital verfügen (durch Erbe oder Lottogewinn) und zugleich über sehr wenig kulturelles und soziales, weil einerseits die familiären und schulischen Bedingungen des Aufwachsens, andererseits der berufliche und private Alltag – wiederum durch die Bildungskarriere bedingt – keine Akkumulation jener Kapitalsorten erlaubten. Demnach ist auch das symbolische Kapital gering. Gleiches gilt für Person B, die zwar über kein ökonomisches Kapital verfügt, aber ggf. über einen Doktorgrad in Musikwissenschaft, zudem in eine Adelsfamilie hineingeboren wurde, die zwar über keine nennenswerten Liegenschaften, dafür aber über ein hohes Ansehen in der Region, ein ‚von' als Namenszusatz und somit kulturelles Kapital verfügt. Der Begriff des Raums ist deswegen so treffend, weil sich diese Personen mit hoher Wahrscheinlichkeit nicht begegnen werden, da ihre Position im sozialen Raum und somit ihr sozialer Umgang unterschiedlich sind. Zudem wird über Mittel der Distinktion versucht, diese Distanz zu Personen mit anderen ‚Mischungsverhältnissen' aufrechtzuerhalten.[34]

Die Distinktionsstrategien zwischen unterschiedlichen sozialen Klassen (um den Marx-Terminus beizubehalten; heute spricht man eher von Milieus) hängen vom Zugang zu den verschiedenen Kapitalarten ab. Früher konnte sich die Elite leicht durch Bildung abgrenzen. Durch die Öffnung von Bildungsangeboten (erst durch die Einführung der Unterrichtspflicht im Rahmen des Preußischen Allgemeinen Landrechts 1794, später durch faktische Schulpflicht, zuletzt in den 1970er

33 Es gibt zudem Studien, die neue Formen des Kapitals auszumachen behaupten, so etwa körperliches und erotisches Kapital. Wir beschränken uns hier auf die Kapitalformen, die Bourdieu primär behandelte.

34 In der Soziologie spricht man von ‚sozialer Homophilie', der Volksmund hält dafür die Phrase „Gleich und Gleich gesellt sich gern" parat. Empirisch spricht sehr viel für die Wahrheit dieser Vermutung, etwa mit Blick auf die Rolle von Universitäten als Heiratsmärkten (vgl. Blossfeld & Timm, 1997).

Jahren im Rahmen der Bildungsexpansion) werden andere Ressourcen wichtiger. Heute ist das soziale Kapital etwa sehr viel wichtiger für eine Rendite versprechende Karriere, das institutionalisierte Bildungskapital weicht immer mehr dem interkorporiertem: Es sind die „richtigen Verhaltens-, Sprach- und Denkformen" (ebd., S. 136), die heute distinktiv wirksam werden. Das ist zum einen erfreulich, weil es die Bedeutung pädagogischen Einflusses auf gesellschaftliche Verhältnisse betont, zum anderen ernüchternd, weil der pädagogische Einfluss selbst immer schon eingebunden ist in die komplexen Verhältnisse der Kapitalschöpfung, -vermehrung und -verteilung.

Als letzten Aspekt der Kapitalien wenden wir uns ihrer Konvertierbarkeit zu, also der Frage danach, wie leicht welche Kapitalformen in andere überführt oder gewechselt werden können. Das ökonomische Kapital lässt sich sehr leicht sowohl in andere Kapitalformen überführen als auch an andere übertragen, z. B. via Schenkung oder Erbe. Zugleich übersteigen alle anderen Kapitalformen auch immer ihre ökonomische Investition, sie sind „niemals ganz auf diese [...] zurückzuführen [...], weil sie ihre spezifischen Wirkungen *überhaupt nur* in dem Maße hervorbringen können, wie sie verbergen [...], dass das ökonomische Kapital ihnen zugrunde liegt und [...] ihre Wirkungen bestimmt" (Bourdieu, 2015b, S. 70; Hervorhebung durch MFB). Denken Sie bspw. an einen bildungsbürgerlichen Habitus, der für die ihn Praktizierenden und ‚Erblasser' dann am wertvollsten ist, wenn das Vorhandensein einer Bildungssprache und damit eine Privilegierung ihrer Kinder in Bildungseinrichtungen so lange und nachdrücklich wie möglich geleugnet wird. Zugleich sind besitzende Klassen daran interessiert, einen Tausch ökonomischen Kapitals in andere Formen möglichst unkompliziert und gewinnbringend vornehmen lassen zu können – und zugleich in nur geringem Maße eine „Verschleierung des Ökonomischen" (ebd., S. 73) zu erreichen. Die enge Verknüpfung von Macht und Kapital lässt sich daran zeigen, dass jede Reproduktionsstrategie gesellschaftlicher Verhältnisse zugleich eine Legitimationsstrategie darstellt, „die darauf abzielt, sowohl die exklusive Aneignung wie auch die Reproduktion sakrosankt [unantastbar; MFB] zu machen" (ebd., S. 74). Kapital hat seinen Nutzen also nicht nur im unmittelbaren Tauschwert, sondern wird auch dazu genutzt, anderen den Zugang zu Kapital zu erschweren oder gar unmöglich zu machen.

Bourdieu geht analog zum Energieerhaltungssatz der Physik davon aus, dass auch ein menschliches Streben zur Kapitalerhaltung vorliegt – ganz ungeachtet der Menge und Zusammensetzung des Kapitals. Aus diesem Grund ist der Wechsel von einer in andere Kapitalformen sehr umkämpft, das gilt für eine Ökonomisierung im Sinne eines Tauschs ökonomischen Kapitals in andere Formen besonders. „So reicht der Einsatz von Geld für eine ertragreiche Konvertierung in objektiviertes Kulturkapital nicht aus. Das Gemälde muss auf dem Feld der Kunst anerkannt sein, wozu man ein entsprechendes Wissen benötigt" (Rehbein & Saalmann, 2014c, S. 139). Wir sehen: sowohl der Tausch als auch die Verhältnisse der

Kapitalsorten zueinander sind zum einen vom soziohistorischen Kontext abhängig und zum anderen an das jeweilige gesellschaftliche Feld (hier: die Kunst) gebunden, in dem das jeweilige Kapital üblicherweise geschöpft, eingesetzt und verteilt wird.

2.2.3 Gesellschaftliche Felder

Wie bereits eingangs erwähnt, sind gesellschaftliche Felder Orte menschlichen Handelns, sowohl in produktiver Weise als auch im Modus des Streits. Der Begriff des Feldes ist der Physik entnommen, lehnt sich an magnetische Felder an und verweist darauf, dass sich je nach sozialem Feld die Kräfte unterscheiden, denen ein Individuum jeweils ausgesetzt ist (vgl. Rehbein & Saalmann, 2014a, S. 99). Was sind die Eigenschaften von Feldern im Besonderen?

Wir sehen hier bereits Parallelen zu den gesellschaftlichen Systemen bei Schimank und Volkmann. Die Feldtheorie Bourdieus unterscheidet sich jedoch insofern von der systemtheoretischen Perspektive, als die Funktion eines Feldes für die Gesamtgesellschaft nicht im Fokus steht. Es geht vielmehr um die Logiken einzelner Felder, deren Anzahl und Grenzen jedoch – wie auch bei der Systemtheorie – nicht immer deutlich benannt werden. So gibt es neben den Feldern der Medizin, der Ökonomie und der Politik das Feld der Kultur, das wiederum über weitere Subfelder verfügt. Dazu gehört das der Bildung genauso wie das der Kunst und das der Literatur. Die unscharfen, dynamischen Grenzen zwischen den Feldern sind jedoch keine Nachlässigkeit Bourdieus, sondern absichtlich so angelegt. Sie verweisen darauf, dass Akteure innerhalb eines Feldes darum bemüht sind, die Spielregeln der Felder, in denen sie sich bewegen, zu ihren Gunsten zu verschieben. Ganz im Sinne des historischen Materialismus sind die Felder keine zufälligen Konstrukte, sondern über die Zeit gewachsen. Das Verstehen ihrer Logik erfordert somit einen historisch informierten Zugang. Am Beispiel des Feldes der Bildung und der sozialen Exklusion qua Analphabetismus haben wir das bereits exemplarisch erahnen können.

Innerhalb jedes Feldes liegt ein gewisses *Feldinteresse* vor, das dem gleicht, was in der Systemtheorie als Leitwert benannt wird: der Hauptgegenstand, um den sich Handlungen und Strukturen eines Feldes drehen. Im Feld der Ökonomie interessiert das Geld, im juristischen das Recht usw. Man ist sich darüber einig, dass es eine ausschließliche Logik innerhalb eines Feldes gibt (was für Außenstehende mitunter sinnlos erscheint) und erzeugt so das, was Bourdieu die *Feldillusio* nennt. Für das Bildungssystem ist das etwa die Illusion der Chancengerechtigkeit innerhalb des Bildungssystems. Dabei zeigt sich bei genauerer Beschau: Weder geht es in der Bildung nur um diese selbst (sondern um Macht, Erkenntnispolitik, Zuteilung von Lebenschancen), noch geht es in der Kunst um diese selbst (sondern bspw. auch um Prestige und avantgardistische Positionen, Einfluss) usw. Auch unterliegen Feldteilnehmer einer solchen Wirklichkeitsillusion hinsichtlich des erwarteten Profits aus der eigenen Teilnahme am Feld. Nur folgerichtig spricht Bourdieu auch vom Spiel bzw. von Spielräumen: Man nimmt daran teil, weil man gewinnen möchte, und glaubt, kraft der eigenen Fähigkeiten und Ausstattung mit Kapital gewinnen zu können (vgl. Schwingel, 2018, S. 83).

Nach Bourdieu geht es innerhalb eines jeden Feldes immer auch – und zwar primär – um Macht. Genauer: es geht um die eigene Position im Feld und die Durchsetzung gegenüber anderen Spiel- und Feldteilnehmern. Auch hier nutzt Bourdieu eine Raummetapher und spricht vom *Zentrum* eines Feldes und seiner *Peripherie*. Es ist auch kein Zufall, dass Bourdieu mitunter den Begriff des Feldes durch den des Marktes ausgetauscht hat. In diesem eingesetzt werden der eigene Habitus (dazu gleich mehr) und das eigene Kapital. Nehmen wir z. B. das Feld der Bildung und den üblichen Fall, dass Eltern ihren Kindern das Durchsetzen darin ermöglichen möchten, d. h., den schulischen und akademischen Erfolg wahrscheinlich machen. Sie werden demnach *Feldstrategien* entwickeln, um eine aussichtsreiche Feldposition ihres Kindes zu sichern. Dazu investieren sie das ihnen zur Verfügung stehende Kapital genauso wie ihren Habitus. In unserem Beispiel sind das sowohl das ökonomische Kapital (für Unterrichtsmittel, Nachhilfe, Transportmittel von und zur Schule und zur Uni, Austauschjahre im Ausland, die Möglichkeit, während unbezahlter Praktika die Miete weiterzubezahlen usw.) wie auch kulturelles Kapital. Letzteres wird dann nützlich, wenn man mit den Lehrerinnen und Lehrern eine ähnliche oder gleiche Sprache sprechen kann und zu Hause Nachhilfe und sozialen Umgang einübt; im späteren Studium (und dauerhaften Situationen der Ausgesetztheit und Selbstpräsentation) wird ein selbstbewusstes Auftreten und die Kenntnis von Lern- und Prüfungsstrategien ‚vererbt'.

Während aber das Vorhandensein eines bestimmten kulturellen Kapitals für eine erfolgreiche Bildungskarriere nützlich ist, kann es in einem anderen Feld wenig brauchbar sein. „In jedem Feld steht Anderes auf dem Spiel, treten sich unterschiedliche Akteure gegenüber, gelten andere Regeln" (Rehbein & Saalmann, 2014a, S. 101). Man spricht daher bei der Zusammensetzung des benötigten Kapitals in einem bestimmten Feld auch vom *Feldkapital*. Im Feld der Kunst etwa ist ein hohes kulturelles und soziales Kapital von hoher Wichtigkeit, während im Feld der Bildung das Primat der Leistung (also inkorporiertes kulturelles Kapital) die Illusion der Chancengerechtigkeit aufrechterhält. Ökonomisches Kapital ist im Feld des Rechts quasi nutzlos (von der Möglichkeit guter anwaltlicher Vertretung abgesehen), während es in der Kunst immer wichtiger zu werden scheint. Wer das Spiel innerhalb eines Feldes mitspielt, versucht also nicht nur, sein eigenes Kapital so effizient wie möglich zu investieren, sondern auch, die Zusammensetzung der Spielregeln – der Feldstruktur – selbst zu ändern, selbstverständlich zum eigenen Vorteil. Wer keine Ahnung von Kunst hat, dafür aber über viel Geld verfügt, wird bspw. eine Ökonomisierung des Kunstmarktes nicht nur begrüßen, sondern auch beschleunigen.

Um es noch etwas komplizierter zu machen: Auch die Grenzen der sozialen Felder sind nicht fix. Sie verschieben sich mit der Dynamik, die in ihnen herrscht. Auch gibt es Überschneidungen und Durchdringungen verschiedener Felder.[35] Der Berliner Soziologe Boike Rehbein († 2022) nennt die Zuschauer eines Fußballspiels als diesem zugehörig (vgl. 2016, S. 105); analog dazu sind Eltern zweifelsohne Spielteilnehmer im Feld der Bildung ihrer Kinder.

Das soziologische Interesse liegt nun darin, zu ergründen, wie die Felder dazu geworden sind, was sie sind, womit ihr Fortbestehen gerechtfertigt wird und welche Veränderungsprozesse in ihnen ablaufen. Aus einer solchen historisch-makrosoziologischen Perspektive lassen sich dann auch die individuellen Handlungen auf der Mikroebene erklären, weil man sich in die Perspektiven der einzelnen Feldteilnehmerinnen und -teilnehmer hineindenken kann. Auch ist jede Feldstruktur unweigerlich verschränkt mit Bourdieus Annahme einer Klassengesellschaft: Wenn es diese gibt, dann muss ihre Struktur sich auf jedem Feld in der Auseinandersetzung um das jeweilige Feldinteresse widerspiegeln. Bourdieu selbst hat solche Analysen bspw. für das ökonomische und das religiöse Feld vorgenommen (Bourdieu, 1998; 2000).

Wenn wir uns ein wenig von dem Sprachgebrauch Bourdieus distanzieren, können wir zusammenfassen: Soziale Felder sind Strukturen, die unabhängig unseres eigenen Handelns existieren. Durch ihre inhärente Spiellogik zwingen sie uns eine bestimmte Praxis in ihnen auf. Dieser Zwang wird als Kraft eines Feldes, analog zum Magnetfeld, beschrieben und steht im dauernden Konflikt mit dem Habitus, der uns innerlich unsere Handlungsmöglichkeiten erlaubt und begrenzt (dazu gleich mehr). Die Spielregeln jedes einzelnen Feldes sind jedoch nur teilweise sichtbar – es gibt kein Handbuch, in dem man sie nachlesen könnte. Stattdessen erfordert die Teilnahme am Feld die Ausbildung von Strategien durch Beobachtung und Anpassung, die eine erfolgreiche Teilnahme im Feld wahrscheinlich machen. Hierzu ist es nötig, das eigene Kapital einzusetzen, wobei jedes Feld andere Anforderungen mit sich bringt. Bourdieu spricht hier von den *Ökonomien der Praxisfelder* im Plural. Wer am klügsten sein Kapital zu investieren vermag, bewegt sich so zum Machtzentrum eines Praxisfeldes und wird fortan alles dafür tun, die eigene Position zu behalten und anderen das Fortkommen zu erschweren. Man kann also mit Bourdieu nicht ohne Weiteres davon sprechen, dass bestimmte Felder der Gesellschaft ökonomisiert werden (wie etwa die Bildung), weil diese immer schon in bestimmter Weise ökonomisch strukturiert sind. Eher stellt sich die Frage danach, ob und inwiefern es innerhalb dessen zu einer Umstrukturierung kommt, infolge derer das ökonomische Kapital wichtiger wird, das kultu-

35 Hier nicht vertiefen können wir die anhaltende Frage danach, ob sich Felder in einem zwei- oder dreidimensionalen Modell plausibler erklären lassen; das Gleiche gilt für die Frage danach, ob es ein allumfassendes Feld der Macht gibt oder Bereiche der Gesellschaft, die sich keinem Feld zuordnen lassen.

relle und soziale Kapital zwangsläufig unwichtiger. Hier zeigt sich ein deutlicher Unterschied zur systemtheoretischen Betrachtung à la Luhmann und Schimank & Volkmann.

Wir sehen in der Zusammenschau also einige Ähnlichkeiten zur systemtheoretischen Betrachtung, aber auch eine starke Abgrenzung. Die Feldtheorie dient als Heuristik (also als Instrument zur Erkennung und Benennung) sozialer Machtdynamiken. Diese Dynamiken spiegeln sich in bestimmten Ökonomien wider, also in der Frage danach, wie innerhalb eines Feldes welches Kapital idealerweise eingebracht werden kann. Zentrale Begriffe der Feldtheorie sind demnach die Folgenden. Als kleine Übung zur Reflexion können Sie den folgenden Kasten bearbeiten.

Reflexionsübung: Grundbegriffe in Bourdieus Feldtheorie

Aufgabe: Schreiben Sie zu jedem der folgenden Begriffe eine kurze Definition. Versuchen Sie unterschiedliche Beschreibungen für jeden Begriff zu finden.

1. Feld und Feldlogik
2. Feldinteresse
3. Feldillusio
4. Feldstrategien
5. Feldkapital
6. Feldstruktur

Sie können ein solches Glossar selbstverständlich auch für andere Theorien und Theorieteile anfertigen. Das ist besonders dann hilfreich, wenn diese mit alltagssprachlichen Begriffen operieren, die aber im theoretischen Kontext eine besondere Bedeutung einnehmen.

2.2.4 Der Habitus

Neben den Kapitalien und Feldern ist der *Habitus* der dritte große Mechanismus in der Erklärung der Funktionsweise von Gesellschaft im Sinne Bourdieus. Vielleicht erinnern Sie sich an den Begriff aus dem Lateinunterricht, vielleicht kennen Sie auch den englischsprachigen Begriff *habit* (Gewohnheit; Laster). Der Habitus umfasst unsere zur Gewohnheit geronnenen Wahrnehmungs-, Denk-, Sprech- und Handlungsmuster, also die Art und Weise, wie wir uns in der Welt und durch die Welt bewegen und wie wir diese begreifen und als ‚normal' erachten. Die Gesamtheit der Merkmale, an denen sich unterschiedliche Habitus zwischen verschiedenen Menschen feststellen lassen, ist der *Geschmack*. In seinem Werk *Die feinen Unterschiede* (2003; 2015a) hat Bourdieu 1979 die Entstehung des Geschmacks und seine Funktionsweise für die Differenzierung der Gesellschaft ausführlich beschrieben. Wir beschränken uns hier zunächst auf die elementaren Merkmale.

Zunächst kann der Habitus als Instrument zur Reduktion sozialer Komplexität und zugleich zur sozialen Distinktion bestimmt werden: einerseits drückt er die Zugehörigkeit zu einem bestimmten sozialen Milieu (oder gar einer Klasse) aus und ermöglicht das Fortbestehen darin, andererseits begrenzt er die eigenen Schemata des Denkens, Urteilens, Handelns, ja sogar der Körperhaltung insofern, als deutliche Unterschiede zu anderen Milieus sichtbar werden. Bourdieu sagt dazu:

> „Wer den Habitus einer Person kennt, der spürt oder weiß intuitiv, welches Verhalten dieser Person verwehrt ist. [...] Wer z. B. über einen kleinbürgerlichen Habitus verfügt, der hat eben auch, wie Marx einmal sagte, Grenzen seines Hirns, die er nicht überschreiten kann. Deshalb sind für ihn bestimmte Dinge einfach undenkbar, unmöglich". (Bourdieu, 2015a, S. 33)

Der Habitus ist also die Antwort darauf, wie menschliche Praxis zugleich unterschiedlich und doch verbindend ist: Im Anderen erkenne ich Ähnlichkeiten zu meinen Vorlieben und Abneigungen. Durch diese ‚gefühlte Nähe' entstehen ähnliche und vor allem funktionierende Handlungsmuster, die im Zusammenhang mit der Habitustheorie *Schemata* genannt werden. Diese Schemata, so sagt es die Hannoversche Soziologin Eva Barlösius treffend, „ähneln Schablonen, die mehr oder weniger präzise vorgeben, welche Reaktionen überhaupt zur Verfügung stehen" (Barlösius, 2011, S. 52).

Es stellt sich soziologisch die Frage: Woher kommen diese von Bourdieu beschriebenen Schablonen, Schemata und Grenzen, woher kommt der Habitus eines oder einer jeden? Sind diese angeboren oder handelt es sich um Sozialisations- oder Erziehungseffekte? Und: Wie hängt der Habitus mit den verschiedenen Kapitalformen und den sozialen Feldern zusammen?

Empirisch spricht erst einmal vieles dafür, dass der Habitus in den ersten beiden Jahrzehnten unseres Lebens gebildet wird und in sich sehr träge, also nur schwer und unter großen Mühen, veränderlich ist.[36] Nicht nur das unmittelbare familiäre Umfeld, auch die sozialen Felder, in denen wir uns bewegen, beeinflussen zweifelsohne unseren Habitus. Jemand, der eine strenge, konservative Schule besucht, wird mit großer Wahrscheinlichkeit einen anderen Habitus ausbilden als jemand, der von seinen Eltern auf eine Alternativschule geschickt wird. Jedes Kind auf einer solchen Schule wird Eltern haben, die ähnliche Werte und Einstellungen vertreten, die sie wiederum unbemerkt an ihre Kinder weitergeben. Be-

36 An Bourdieu und dessen Sprechhabitus kann man das genauso verdeutlichen wie an den zahlreichen Beschreibungen im autobiografischen Roman *Rückkehr nach Reims* des französischen Soziologen und Schriftstellers Didier Eribon (2016).

reits einige Tage nach der Einschulung wird dann deutlich, dass bereits eine relative Ähnlichkeit der Sprech- und Verhaltensweisen dieser Kinder vorliegt. Bourdieu bezeichnet diese mitgebrachten Strukturähnlichkeiten als *Homologien*.

Kinder wie auch Erwachsene handeln gemäß ihrem Habitus – wir alle sprechen, denken und nehmen gerne auf die Art und Weise wahr, wie wir es gewohnt sind. Stolpern und Staunen, Irritationen möchten wir eigentlich nur im Museum, im Theater oder bei einer Zauberkunstvorführung ertragen, ansonsten streben wir nach einem harmonischen Weltbild, das wir mit unserem Repertoire an Begriffen und Konzepten widerspruchsfrei beschreiben können. Wir sind also in gewisser Weise unserem Habitus unterworfen. Dabei verwehrt sich Bourdieu gegen die Vorstellung, dass der Einfluss des Habitus auf unser Handeln mechanisch-gleichförmig verläuft. Vielmehr ist es so, dass wir in unserem Alltag sehr selten unsere Gewohnheiten reflektieren und so erst ein Erkennen und eine Veränderung des Habitus ermöglichen. Die ‚Unterworfenheit' unter den Habitus ist also keine schicksalshafte, sondern eine probabilistische. Das heißt, dass die Wahrscheinlichkeit, dass wir nach unserem Habitus handeln, immer sehr viel größer ist als ein davon abweichendes Verhalten. Der Habitus ist es also, der unser allgemeines Handeln, somit die gesamte gesellschaftliche Praxis hervorbringt und strukturiert.

Zugleich ist der Habitus kein Produkt Einzelner, sondern (darin liegt der Clou dieser Figur) ebenfalls sozial hervorgebracht. Der Zusammenhang von Erziehung und Sozialisation lässt nur wenig Federn an der Pädagogik:

> „Die Inkorporation der äußeren Existenzbedingungen zu einem habituellen System von Dispositionen vollzieht sich mittels einer ‚stillen Pädagogik', die, jenseits einer ausdrücklichen erzieherischen Absicht, über unscheinbare pädagogische Imperative und Ermahnungen bezüglich Manieren, Haltung und Betragen den Habitus formt." (Schwingel, 2018, S. 67).[37]

Die Aufgabe der Pädagogik wäre es demnach, diese Muster der unsichtbaren Reproduktion sozialer Ungleichheit durch die Sanktionierung eines bestimmten Habitus konsequent zu reflektieren und zu durchbrechen. Zugleich sind selbstverständlich sozialisatorische Einflüsse am Werk. Eine analytische Antwort darauf, ob der Habitus Produkt der Sozialisation oder der Erziehung ist, lässt sich demnach nur so beantworten, dass immer beides am Werk ist. Mitunter wirkt Erziehung der Sozialisation entgegen, mitunter aber verstärkt diese die sozialisatorisch eingeübten Denk-, Sprech- und Verhaltensmuster noch.

---

37 Bourdieus wenig optimistische Sicht auf pädagogische Intervention ist der Wirkmächtigkeit der Sozialisation als Habitusformung geschuldet. Vgl. zu diesem Verhältnis Hans-Christoph Kollers Ausführungen in seiner Einführung *Grundbegriffe, Theorien und Methoden der Erziehungswissenschaft* (Koller, 2020).

Offenbar ist der Habitus nicht nur (in Form von Dispositionen) an einzelne Personen oder (in Form von Homologien) an Milieus oder Klassen, sondern auch an soziale Felder gebunden. Es gibt bspw. einen wissenschaftlichen Habitus, der sich durch die andauernde demonstrative Distanznahme zur ‚Meinung' ausdrückt und stattdessen auf objektive Urteile abhebt. Das erkennen Sie unter anderem daran, dass in fast allen wissenschaftlichen Texten Ich-Formulierungen vermieden werden. Stattdessen wird abstrakt davon gesprochen, dass ‚man' hier oder dort etwas erkennen kann oder (im Modus des Passiven) etwas erkennbar wird oder ist. Auch ist die explizite Erwähnung von Referenzautorinnen und -autoren Teil des wissenschaftlichen Habitus, um die Zugehörigkeit zu einer bestimmten Denktradition zu offenbaren. Möchte man also in diesem Feld bestehen (und nicht andauernd anecken), so wäre es klug, sich diesen feldspezifischen Habitus anzueignen. Zugleich verändert sich dieser, was man in unserem Beispiel an wechselnden Themenkonjunkturen, Sprechweisen und dergleichen mehr erkennen kann.

Wenn der Habitus nun weder ausschließlich an Handlungen von Personen noch an Strukturen von Feldern gebunden ist, was ist er dann? Mit den Worten Bourdieus: eine „Hilfskonstruktion" und „vereinheitlichendes Prinzip" (Barlösius, 2011, S. 46f). Die Figur des Habitus soll also vermitteln zwischen den beiden grundsätzlichen Theoriefamilien der Soziologie, die entweder Gesellschaft aus Handlungen heraus erklären oder aus Strukturen.[38] Er vereint demnach in sich Schemata und Praxisformen, die sich regelhaft verhalten, aber nicht gesetzesförmig sind: Gewohnheiten sind eben deswegen Gewohnheiten, weil wir mit großer Wahrscheinlichkeit in ähnlichen Situationen auf die gleiche Art und Weise wahrnehmen, denken und handeln. Das tun wir auch dann, wenn wir nicht unbedingt über die Situation nachdenken – wir handeln auch und vor allem dann im Sinne unseres Habitus, wenn wir es intuitiv tun. Bourdieu fügt hier also geschickt eine anthropologische Beschreibung menschlichen Handelns ein, das unbewusst erfolgt, ohne seine Beschreibung theoretisch in die Nähe der Psychologie oder gar Psychoanalyse zu rücken.

Wir sehen: Der Mensch ist in Bourdieus Perspektive nicht mit allzu viel Freiheit ausgestattet. Selbst nutzt er diese Kategorie zur Überschreitung der durch den Habitus vorgegebenen Schemata und Handlungsoptionen nicht; Bourdieu spricht stattdessen von ‚Spontaneität' oder ‚Erfinderkunst' (vgl. Schwingel, 2018, S. 70). Der Mensch ist also kein rein rationales Wesen, das Kosten und Nutzen genau abwägt (wie es bspw. die Rational-Choice-Theorie voraussetzt), sondern vielmehr an seine materielle und soziale Gewordenheit gebunden – die Reminiszenz an Marx' historischen Materialismus wird hier nur allzu deutlich.

---

38 Der Habitus wird in der Literatur folgerichtig in seiner Zweiheit beschrieben: als zugleich (von der Gesellschaft) strukturierte Struktur und (auf die Praxis abhebende) strukturierende Struktur. Vgl. Barlösius, 2011, S. 60ff; Schwingel, 2018, S. 59ff; Rehbein & Saalmann, 2014b.

Handeln wir, ‚veräußern' wir unseren Habitus in für alle sichtbarer Form. Wir tragen ihn zur Schau und bringen so performativ zum Ausdruck, was uns an Kapitalien zur Verfügung steht. Unser Habitus verrät so in relativ zuverlässiger Weise unsere Position im sozialen Raum. Zugleich werden über den Habitus Teile des inkorporierten kulturellen Kapitals performativ wirksam: Denken wir bspw. an die Bildungssprache, die nicht nur Voraussetzung ist für gute Schulnoten und den Studienerfolg (weil wir die gleiche Sprache sprechen wie allesamt studierte Lehrkräfte), sondern vielmehr noch für den Zugang zu exklusiven sozialen Kreisen. Durch diese „Exteriorisierung von Habitusstrukturen" (ebd., S. 77) lässt sich die generelle Stabilität von Gesellschaft und ihren Feldern plausibel erklären: Um als Bildungsaufsteiger in einem Feld bestehen zu können, muss man die dort vorherrschenden Schemata affirmieren (annehmen). Erst wenn man sich in das Zentrum eines Feldes vorgearbeitet hat, ist man potenziell in der Lage, die Bedingungen des Spiels zu verändern. In modernen, komplexen Gesellschaften, so lässt sich vorsichtig annehmen, ist das Veränderungspotenzial jedoch größer als in sogenannten einfachen.

In jedem Fall sehen wir, dass alle drei Teile der Bourdieu'schen Gesellschaftstheorie miteinander verwoben sind und zur Erklärung von Veränderungsprozessen nicht isoliert voneinander betrachtetet werden können. Das wirft sodann die Frage auf: Wo sind die Orte, an denen Ökonomisierungsprozesse stattfinden; wie können wir diese präziser bestimmen und (ganz im Sinne Bourdieus) ggf. pädagogisch intervenieren, um eine inklusive Gesellschaft schaffen zu können, die Erfolgschancen gerechter verteilt, als es bisher der Fall war?

2.2.5 Ökonomisierung des Feldes der Bildung

Es wäre nun ein Einfaches zu behaupten, dass allerorts das ökonomische Kapital wichtiger wird als alle anderen Kapitalien und damit die Ökonomisierung der Gesellschaft bewiesen wäre. Zwar mag das grosso modo stimmen; zugleich würde man damit aber analytisch hinter die komplexen Zusammenhänge zwischen Feld, Kapital und Habitus zurückfallen, die wir mit Hilfe von Bourdieus Theorie überhaupt erst sichtbar machen können.

Der Hamburger Erziehungswissenschaftler Thomas Höhne hat „[f]eldtheoretische Perspektiven auf Ökonomisierung" (Höhne, 2015a, S. 19ff) vorgelegt, die uns bei der Präzisierung des Problems für unseren Gegenstandsbereich behilflich sind. Zunächst stellt er fest, dass das Feld der Bildung gegenüber Einflüssen von außen weniger gut bewehrt ist als andere Felder. Das liegt daran, dass unser Feld fortwährend auf die Legitimation durch die Gesellschaft angewiesen ist. Ob es die Idee des mündigen Bürgers ist, der tüchtigen Arbeitskräfte oder des gebildeten Menschen, es braucht stets ein pädagogisches Erfolgsversprechen, mit dem im Feld der Bildung Tätige ihre Praxis legitim ausüben können. Im Vergleich zu anderen Feldern ist der Grad der Autonomie also eher gering. Lassen Sie uns zunächst einen Blick auf allgemeine Veränderungsprozesse von Feldern durch die Ökonomie werfen, bevor wir diese dann beispielhaft am Feld der Bildung veranschaulichen. Thomas Höhne nennt insgesamt sechs zentrale Merkmale. Er folgt im Denken hier also deutlich Bourdieu, der die Gewordenheit gesellschaftlicher Umstände betont.

Mit den sechs Merkmalen zielt Höhne darauf ab, die Komplexität von Ökonomisierungsprozessen zu fassen. Er setzt, anders als Schimank und Volkmann, diese Merkmale jedoch nicht in einen chronologischen Zusammenhang, sondern in einen systematischen. Dafür trennt er *Kernkriterien* von *Prinzipien, Strategien* und *Effekten* der Ökonomisierung. Als erstes Merkmal nennt Höhne die *Effizienz*. In Prozessen der Ökonomisierung geht es also stets darum, den Mitteleinsatz zu minimieren oder das Ergebnis zu maximieren (vgl. auch die Einleitung). In pädagogischen Zusammenhängen sind wir damit dauerhaft konfrontiert, wie es zuvor bereits beschrieben wurde. Die Praktiken dieses ersten Merkmals lassen sich demnach als ‚Optimierung von Einsatz und Ertrag' zusammenfassen (vgl. ebd., S. 21).

Auch das zweite Merkmal ist uns bereits aus den bisherigen Ausführungen bekannt. Es lautet *Vermarktlichung* und beschreibt die Überführung von Praxisfeldern in Markt- bzw. Quasi-Markt-Logiken (siehe Abschnitt 2.1.5). Dabei wird vorgetäuscht, dass dort Angebot und Nachfrage wie in der freien Marktwirtschaft funktionierten; wir haben am Beispiel der Schule bereits gezeigt, dass das jedoch nicht der Fall ist. Die beiden ersten Merkmale fasst Höhne unter dem Stichwort der unabdingbaren Kernkriterien – also Merkmale, ohne die das Zweck-Mittel-Verhältnis der Ökonomisierung nicht funktionieren würde. In Abhebung dazu werden die folgenden beiden Kriterien als Prinzipien benannt; also Merkmale, die einerseits zeitlich den Praktiken vorgelagert sind und sich andererseits über die gesamte Zeitspannte erstrecken (vgl. ebd., S. 24).

Das erste Prinzip ist das des *Wettbewerbs* in der Konkurrenzsituation. In dieser wird „der Preis über entsprechende ‚Signale' symbolisch simuliert und ‚die Ware' symbolisch getauscht" (ebd., S. 22). Wie bereits festgestellt, gerät das ökonomische Kapital auf pädagogischen Märkten eher in den Hintergrund, vielmehr wird dort kulturelles und symbolisches Kapital eingekauft, etwa über ein starkes Schulprofil und einen guten Ruf einer Schule (vgl. ebd.). Zur Aufrechterhaltung der Marktsituation benötigt man ein adäquates Mittel, in diesem Fall die ebenfalls bereits angesprochene Konkurrenzsituation der Schulen untereinander. Ihre Herstellung ist eine künstliche, eigens für den Zweck der Vermarktlichung. So entstehen typische Marktteilnehmer: Interessenten bzw. Kunden auf der Nachfrageseite (Adressaten pädagogischer Einrichtungen und ihre Eltern), mit einem bestimmten Grad an Handlungsfreiheit ausgestattete Anbieter (Schulen und andere Einrichtungen, denken Sie bspw. an Bildungsgutscheine und Orte, an denen man diese einlösen kann) und die durch dieses Verhältnis bestimmte Konkurrenzsituation, in der Anbieter gemessen an ihrer Nachfrage staatlich sanktioniert werden können (vgl. ebd., S. 22).

Das zweite Prinzip, nach denen die Praxis der Ökonomisierung organisiert ist, ist neu: das der *Subsidiarisierung* bzw. Subsidiarität. Möglicherweise kennen Sie den Begriff bereits aus dem Recht. Er besagt, dass es eine bestimmte Rangfolge der Zuständigkeiten bzw. Kompetenzen gibt. In pädagogischen Einrichtungen sind das klassischerweise Top-Down-Strukturen, also Anweisungen, die über die Schul- oder Sozialbehörde an die Einrichtungen gereicht werden und dort umgesetzt werden müssen. Neu ist aber, dass bspw. unter dem Stichwort der Schulautonomie neue Strukturen geschaffen werden, die umgekehrt funktionieren: Schulen bekommen ein eigenes Budget zugeteilt, mit dem sie entweder Aushilfslehrkräfte bezahlen können, schulinterne Lehrerfortbildungen, SmartBoards usw. Statt einer Top-Down liegt dort also eine Bottom-Up-Logik vor, die politisch angeordnet und zugeschrieben wird. Dadurch können (und müssen!) einzelne Einrichtungen Profile entwickeln, die sie von anderen (Quasi-)Marktteilnehmern abhebt (vgl. ebd., S. 23).

Beide Prinzipien, das des Wettbewerbs und das der Subsidiarisierung, ermöglichen den Kern der Ökonomisierung, die Effizienzsteigerung und Vermarktlichung. Zusätzlich gibt es jedoch eine politische Strategie, die der Ökonomisierung Vorschub und Tempo verschafft. Thomas Höhne fasst diese Strategie unter dem Stichwort der *Technologisierung* zusammen. Der Begriff zielt darauf ab, dass pädagogisches Handeln im Normalfall nichttechnisch verläuft, denn als Erzieherinnen und Erzieher können wir einen bestimmten Effekt bei unseren Adressaten erhoffen und mit Hilfe didaktischer Mittel relativ wahrscheinlich machen, wir können ihn aber niemals technisch so herstellen, wie man bspw. ein Werkstück im Handwerk herstellt. Technologisierung zielt nun aber darauf, unsichtbare Prozesse und Zustände pädagogischen Handelns sichtbar und damit auswertbar zu machen. Hinter den Werkzeugen der Evaluation und des Rankings stehen „starke Wirkungsannahmen, de[r] Glaube[] an deren adäquate quantitative Repräsentation und [diese] stellen ein zentrales Rationalisierungsinstrument bildungspolitischer Steuerung dar" (ebd., S. 23). Wir sehen bereits an der Wortwahl Höhnes, dass es gute Gründe dafür gibt, die Annahmen der Sicht- und Steuerbarkeit pädagogischer Prozesse nicht zu teilen. Dennoch müssen wir anerkennen, dass sich ebendiese Annahmen bereits lange im pädagogischen Feld durchgesetzt haben. An PISA-Ergebnissen lässt sich dies einfach zeigen: Kaum ein politischer Vorstoß kommt ohne Verweis auf diese aus, ob negativ als Anstoß einer politisch motivierten ‚Aufholjagd' oder positiv als Beibehaltung oder Vergrößerung des eigenen Vorsprungs gegenüber anderen. Die Frage nach der Validität, nach der Gültigkeit der Prämissen wird nurmehr in kleinen Teilen der Erziehungswissenschaft gestellt; in der Politik und in der Öffentlichkeit ist eine Kritik am Prinzip der Technisierung bzw. Technologisierung derzeit kaum mehrheitsfähig.[39]

In jedem Fall aber führen die bisherigen Merkmale zu einem Effekt, den Höhne unter dem Stichwort der *Enteignung* zusammenfasst. Es stellt sich umgehend die Frage, wer und was enteignet wird. Die Antwort Höhnes bezieht sich auf den zentralen Gegenstand des Feldes. Es sind „Bildung und Wissen" (ebd., S. 24), die immer weniger als öffentliches Gut der Allgemeinheit als gleiches, nicht handelbares Gut zur Verfügung stehen, sondern mehr und mehr privatisiert werden „– ganz im Sinne des ursprünglichen Wortsinnes von ‚privare', was ‚berauben' und auch ‚absondern' bedeutet" (ebd.). Bourdieu und Höhne sind sich also einig darin, dass vor allem schleichende und unsichtbare Prozesse der Ökonomisierung am Werke sind: Nicht bestimmten Einzelpersonen wird Bildung verboten, sondern der allgemeine Zugang zu Bildung und Wissen verändert sich sukzessive in Form der genannten Praktiken der Kommodifizierung, Konkurrenz usw. Zurückgebunden an die Theorie Bourdieus: Die Feldlogik verändert sich genauso wie das Feldkapital und die notwendigen Feldstrategien, die ein Bestehen im Feld ermöglichen. Dabei sind die Kernkriterien (1 und 2) notwendige Bedingungen für den Ökonomisierungsprozess, der mit Hilfe der Prinzipien (3 und 4) realisiert wird, und zwar mit Hilfe der Strategie der Technologisierung (5). Als Effekt (6) resultiert dann die Enteignung. Jedes dieser Merkmale lässt sich durch bestimmte Praktiken beschreiben, die zusammenfassend in Tabelle 6 aufgeführt sind.

Tabelle 6: Sechs Merkmale der Ökonomisierung nach Höhne (2015a)

Nr.	Klassifizierung	Merkmale	Praktiken der Merkmale
1	Kernkriterien	Effizienz	Optimierung von Einsatz und Ertrag
2		Vermarktlichung	Etablierung von (Quasi-)Märkten
3	Prinzipien	Wettbewerb	Konkurrenz um Kapital aller Art
4		Subsidiarisierung	Normative Zuschreibung von Verantwortung (z. B. top-down oder umgekehrt)
5	Strategie	Technologisierung	Messung und Evaluation
6	Effekt	Enteignung	Schrittweise Kommodifizierung

39 Die größte deutschsprachige Fachgesellschaft unserer Disziplin, die Deutsche Gesellschaft für Erziehungswissenschaft (DGfE), boykottiert bspw. seit 2012 das Hochschulranking des Centrums für Hochschulentwicklung (CHE) mit der Begründung, dass dort eine Simplifizierung komplexer Studierprofile erfolgt und die durch Rankings erzeugte Konkurrenzsituation zwischen Hochschulen eher zu einer prekären finanziellen Lage führt als zu einer notwendigen Ausfinanzierung (vgl. DGfE, 2015).

Mit Blick auf das Zusammenspiel der Kriterien und eine Deutung vor dem Hintergrund der Bourdieu'schen Theorie hilft uns Höhne anhand einiger Beispiele. Nur exemplarisch soll hier die Rolle von Stiftungen genannt werden, die das Feld der Bildung durch gezielte Einflussnahme verändern (vgl. ebd., S. 30ff). Diese sind wirtschaftsnahe Organisationen, die gezielt Einfluss nehmen auf bildungspolitische Veränderungen. Vielleicht kennen Sie die Robert-Bosch-Stiftung, die jährlich den Deutschen Schulpreis auslobt oder die Bertelsmann-Stiftung, die für die Privatisierung des Gesundheitswesens wie auch des Bildungssystems einsteht. Beide verändern das Feld der Bildung insofern, als sie Forschungsprojekte zu bestimmten Themen finanzieren, Evaluationen durchführen und Expertisen – explizit an bildungspolitische Entscheidungsträger adressiert – veröffentlichen. Inzwischen werden in über 4.000 Schulen im Rahmen des Projektes *Selbstevaluation in Schulen* (SEIS) Daten von Schülerinnen und Schülern erhoben, deren „zeitlich unbefristete Nutzung" (ebd.) ausschließlich der Bertelsmann-Stiftung obliegt. Höhne verweist zu Recht darauf, dass die Verwendung der Daten nicht weiter politisch kontrolliert wird und ihre flächendeckende Erhebung eigentlich Aufgabe staatlicher Stellen ist. Mit den vorhandenen Daten kann die Bertelsmann-Stiftung dann in ihren Expertisen politische Forderungen (nach neuen Schulfächern, veränderten Schwerpunktsetzungen, extracurricularen Programmen usf.) aufstellen, die aufgrund der Datenhoheit erstens schwer überprüfbar sind, zweitens ggf. nicht nach pädagogischen Kriterien erhoben wurden und drittens nicht auszuschließen ist, dass die Expertise den Interessen des Bertelsmann-Konzerns als einem der größten Medienkonzerne der Welt in die Karten spielt.[40] Dass bspw. die PISA-Erhebung nicht von staatlichen Akteuren durchgeführt wird, sondern von der Organisation für wirtschaftliche Zusammenarbeit und Entwicklung (OECD), ist ein Faktum, an das wir uns gute zwanzig Jahre nach der ersten Erhebung offenbar bereits gewöhnt haben.

Wir sehen an dem Beispiel des stärker werdenden Einflusses von Stiftungen auf das Bildungswesen nicht nur, wie sich das Feld verändert, sondern auch unseren Habitus und mit ihm unsere Wahrnehmungs- und Handlungsschemata. Offenbar ist es inzwischen ‚normal' geworden, dass Stiftungen und Wirtschaftsverbände über die Vermessung und Beurteilung von Schulen und Unterricht Auskunft geben und darüber bildungspolitischen Einfluss ausüben – und nicht mehr Expertinnen und Experten, die die Maßstäbe zur Beurteilung pädagogisch begründen und legitimieren. Umso wichtiger wird es, die schleichenden Transformationen, die unsichtbaren Mechanismen aufzudecken und zu benennen. Im Vergleich mit anderen pädagogischen Handlungsfeldern eröffnet die Schule vermutlich den größten Markt für Anbieter von Bildungsmedien, Hilfsmitteln,

40 Das Handelsblatt berichtete bereits 2012 davon, dass Bertelsmann durch den Zusammenschluss von Random House und Penguin eine veritable Konkurrenz zu den großen Schulbuchverlagen Klett, Cornelsen und Westermann geschaffen hat (vgl. Hergert, 2012).

Hard- und Software usw. Es ist dennoch zu erwarten, dass auch im elementarpädagogischen Bereich, in der Sozialpädagogik, in der Fort- und Weiterbildung usw. ähnliche Vorstöße erfolgen werden.

Fragen zur Reflexion des Abschnitts 2.2

1. Welche Praktiken und Kapitalien werden ‚unsichtbar' vererbt?
2. Wenn Sie das deutsche und das US-amerikanische Bildungssystem vergleichen, welche Unterschiede gibt es hinsichtlich des Feldkapitals und der Feldstrategien?
3. Ist es Aufgabe des Schulsystems, ungleiche Kapitalverteilung zu verhindern? Warum oder warum nicht?
4. Wie verändert sich das Feldkapital im schulischen Feld, wenn Vergleichsstudien wie PISA, IGLU usw. sich fortschreitend durchsetzen?
5. Welche möglichen Veränderungen des Habitus sind durch die Privatisierung nicht nur des schulischen, sondern auch des außerschulischen Bereichs denkbar?
6. Welche Beispiele für die Reproduktion von gesellschaftlichen Makrostrukturen fallen Ihnen im Bildungsbereich ein?
7. Worin unterscheiden sich Milieu- von Klassenvorstellungen, was sind Vor- und Nachteile der jeweiligen Betrachtung?
8. Inwiefern ist es für Pädagoginnen und Pädagogen relevant, sich mit der Sozialstruktur der Gesellschaft zu befassen?

2.3 Michel Foucault und Ulrich Bröckling: Die Regierung des homo oeconomicus

Neben Pierre Bourdieu ist Michel Foucault (1926–1984) vermutlich der derzeit bekannteste französische Soziologe des 20. Jahrhunderts.[41] Wie auch Bourdieu war Foucault an Machtstrukturen und der Konstitution von Gesellschaft interessiert. Macht, das ist der erste wichtige Aspekt bei der Lektüre Foucaults, ist jedoch kein vorgängiges Merkmal einer hierarchischen Ordnung eines Menschen oder einer Gruppe über andere. Sie ist eher ein Medium, durch das Handlungen des Menschen möglich oder unmöglich werden (vgl. Foucault, 2005, S. 256). Und, das ist die zweite Notiz zur Macht, sie ist im Foucault'schen Sinne keine Substanz, über die man verfügt oder eben nicht. Macht konstituiert sich vielmehr relativ als Ver-

41 Auch Foucaults bewegte Biografie, seine Zeit in Warschau, in Uppsala und Hamburg (wo er seine Doktorarbeit beendete), sein Auftritt auf dem Tunix-Kongress in Westberlin würden ein eigenes Kapitel verdienen. Stattdessen darf hier auf einige Schriften (Deleuze, 1995; Eribon, 1993) verwiesen werden, die sich exklusiv dem widmen. Als Einführung in das komplexe Denken Foucaults seien zwei entsprechende Werke (Sich, 2018; Sarasin, 2020) empfohlen, für detailliertere Kommentierungen der wichtigsten Grundbegriffe das Foucault-Handbuch von Kammler et al. (2014).

hältnis zwischen Menschen und Gruppen, Strukturen und Institutionen. Während Bourdieu also in seiner Analyse von Kapital, Feld und Habitus der Denktradition des Strukturalismus zuzurechnen ist, zählt Foucault zu den *Poststrukturalisten*. Ihnen geht es weniger um eine genealogische Analyse im Sinne des historischen Materialismus, sondern um Akteure und Akte, die die Relationen zwischen einzelnen Teilen der Gesellschaft verändern.[42] Eine besondere Rolle nimmt dabei die Sprache ein, worauf wir später zurückkommen werden.

2.3.1 Denken wie Foucault – Grundzüge

Am Beispiel seines Werkes *Überwachen und Strafen* (Foucault, 1993) können wir anschaulich sehen, worin die Besonderheit von Foucaults Denken liegt. Mit Hilfe einer historischen Analyse weist Foucault nach, wie sich die Behandlung von Straftätern in den vergangenen 250 Jahren gewandelt hat. Wurden diese zuvor für ihr deviantes (abweichendes) bzw. delinquentes (straffälliges) Verhalten bestraft – mitunter mit dem Tod –, wandelt sich das in der Moderne. Nicht mehr die Bestrafung steht im Mittelpunkt der Praxis, sondern die Überwachung. Nicht mehr werden Gefangene weggesperrt, sie werden vielmehr beobachtet, analysiert und kategorisiert. Mit anderen Worten: es wird Wissen über die Gefangenen produziert, das vermittels seines Wahrheitsanspruchs legitim Kontrolle ausüben lässt. Delikat sind dabei zwei Erkenntnisse: erstens, dass es für die Ausübung der Disziplinarmacht (also die Möglichkeit eines Gefängnisses, bspw. die Handlungen seiner Insassen zu sanktionieren) nicht einmal die tatsächliche Überwachung benötigt. Es reicht, wenn sich die Gefangenen zu jeder Zeit beobachtet *fühlen*.[43] Zweitens, das ist die erschreckende Diagnose Foucaults, erfolgt diese Form der Regierung über Individuen nicht nur in Gefängnissen, sondern überall dort, wo über Beobachtung Wissen über Menschen angehäuft wird – im Gesundheitswesen, im Bildungswesen usw. Wer demnach über Wissen verfügt, das als ‚wahres Wissen' Geltung erlangt, kann Macht ausüben. Das setzt wiederum voraus, dass

42 Tatsächlich ist der Poststrukturalismus als Denkstil schwer zu generalisieren, weil er nicht im Modus der Positivität benennt, was seine Axiome und Ziele sind – er sucht vielmehr nach Brüchen bisheriger Geschichtsschreibung und Gesellschaftsanalyse und bedient sich dabei verschiedener Referenzen, von der Freud'schen Psychoanalyse bis zur Sprachphilosophie. Erschwerend kommt hinzu, dass in zahlreichen wissenschaftlichen Disziplinen poststrukturalistische Argumentationen und Instrumente im weitesten Sinne kreativ weiterentwickelt wurden. Als kleinster gemeinsamer Nenner lässt sich nur benennen, was in der Selbstbezeichnung steht: das Hinter-sich-Lassen der Annahme stabiler gesellschaftlicher Strukturen.

43 Als wirkmächtiges Symbol für die Umsetzung dieses Prinzips in der Architektur gilt das *Panoptikum*, ein kreisrund angelegtes Gefängnis, bei dem ein in der Mitte befindlicher Wachturm genau diesen Effekt erzeugt. Für Insassen ist zugleich klar wie unerheblich, dass angesichts begrenzter Ressourcen gar nicht alle Insassen zugleich beobachtet werden können – die *Möglichkeit* der aktuellen Beobachtung ist für die Verhaltenskontrolle hinreichend.

es einen Ort gibt, an dem allgemein bestimmt werden kann, was als wahr gilt. Regierung ist hier im weiten Sinne zu verstehen als jedwede Form der Beeinflussung des Verhaltens und Handelns von Individuen. Der berühmte Sinnspruch Foucaults, Kritik sei die Kunst, sich nicht dermaßen regieren zu lassen, reiht sich hier ein.

Der Ort, an dem Regierung legitim wird, ist der *Diskurs*. Er beschreibt nicht (wie allgemeinsprachlich üblich) die Gesamtheit der Diskussionen über einen beliebigen Gegenstand, sondern das Spektrum dessen, was zum gegenwärtigen Zeitpunkt von der Gesellschaft als ‚wahr' und ‚wirklich' anerkannt wird. Primär ist der Diskurs sprachlich bestimmt, das liegt in der Natur der Sache, und verändert sich über die Zeit.[44] Denken Sie bspw. daran, wie es durch den Einzug einer rechtspopulistischen Partei in den Bundestag vor einigen Jahren zu einer Diskursverschiebung in der Flüchtlingspolitik kam: Plötzlich waren abwertende und menschenunwürdige Begriffe wieder *denkbar* und *sagbar*, die seit 75 Jahren zu Recht verschwunden schienen. Medien greifen diese Entgleisungen auf, es wird in Talkshows und dem Feuilleton darüber diskutiert – diese Begriffe werden über die Zeit *normalisiert*, also wieder als Teil unseres alltäglichen Sprech- und Denkrepertoires aufgefasst.[45]

Man sieht an diesem Beispiel: der Diskurs hat weder einen moralisch-normativen Nullpunkt noch eine bestimmte Entwicklungsrichtung (wie es bspw. der historische Materialismus behauptet, wenn er die Revolution der Proletarier antizipiert), sondern wird laufend von der Gesellschaft neu ausgehandelt. Diese Aushandlung, die Frage nach der Diskurshoheit ist es, die Foucaults Denken so interessant macht. Er spricht nicht ohne Grund über den *Macht/Wissen-Komplex* (in dieser Schreibweise), um zu verdeutlichen, dass die oben beschriebene Praxis der Generierung von Wissen und ihrer Anerkennung als Wahrheit eng mit der Ausübung von Macht verknüpft ist.

An seiner Dissertation *Wahnsinn und Gesellschaft* (Foucault, 1973) sehen wir, wie arbiträr (willkürlich) die Definition von wahrem Wissen erfolgt. Foucault weist historisch nach, dass es einen großen Unterschied zwischen körperlich sichtbaren und psychischen Krankheiten gibt: Während erstere einfach einer Objektivierung zur Verfügung stehen, bedarf die Diagnose einer psychischen Abweichung

44 Der Ausdruck von Wahrheit und Wirklichkeit drückt sich jedoch nicht nur sprachlich aus, sondern auch in allen erdenklichen Formen der Kunst, der Literatur der Architektur usw.

45 Hinter den Diskursen wiederum stehen *Dispositive*. Das sind, vereinfacht ausgedrückt, die Bedingungen, unter denen Diskurse entstehen und sich entwickeln können. Wir werden diesen Begriff nicht vertieft behandeln, weil für Bröcklings und unsere Perspektive andere Theorieelemente vordergründig sind.
Zudem gibt es Orte der Andersheit, an denen Diskurse nicht zur Geltung kommen, das sind mit Foucault gesprochen *Heterotopien*. Daniel Burghardt und Jörg Zirfas haben in einem Sammelband 26 pädagogische Heterotopien von A wie Anstalt bis Z wie Zoo zusammengetragen (Burghardt & Zirfas, 2019).

(bis hin zum Wahnsinn) immer einer sozialen Aushandlung. Foucault zeigt historisch, dass die Definition des Wahnsinns immer auch dazu dient, sich selbst als vernünftig und normal profilieren zu können. Abweichendes Verhalten kann immer dann legitim als überwachungs- und absonderungswürdig gehandelt werden, wenn eine Nähe der Abweichler zum Verbrechen, zum Schaden an der Gesellschaft plausibel behauptet werden kann. Im Gegensatz dazu positioniert sich das analytische Wissen über die Unterworfenen als kühl, rational, sinnfällig und vor allem objektiv.

Wie aber funktioniert eine solche Regierungsform der ständigen Überwachung, innerhalb und außerhalb von Gefängnissen? Wie ist es möglich, dass dieser Wandel der Disziplinierung quasi unbemerkt sich hat vollziehen können? Dafür werfen wir einen Blick auf Funktionsweisen und Techniken der modernen Gesellschaft im Sinne Foucaults.

2.3.2 Performative Akte: Adressierung, Anrufung und Subjektivierung

Eine zentrale Rolle in der poststrukturalistischen Analyse gesellschaftlicher Verhältnisse spielt das Sprechen bzw. die Sprechakttheorie. Der US-amerikanischen Philosophin und Feministin Judith Butler haben wir es zu verdanken, dass der Aspekt des *performativen* Sprechens Einzug gehalten hat in die Wissenschaft, teilweise sogar in den Alltag. Sie war es, die 1990 mit ihrem Werk *Das Unbehagen der Geschlechter* (im Original *Gender Trouble*) am Beispiel von Geschlechterverhältnissen und unter Rückbezug auf Foucaults Denken auf- und nachwies, dass soziale Wirklichkeit nicht natürlich gegeben ist, sondern durch Sprechakte erst handelnd hervorgebracht wird (vgl. Butler, 2003). Denken Sie bspw. an vermeintlich typisch männliche oder weibliche Farben, Spielzeuge oder gar Medien, mit denen Kinder aufwachsen. In der Iteration (also der Wiederholung) der Sprechakte liegt die Kraft der Performativität: Durch die andauernde Wiederholung der These „Rosa ist eine Mädchenfarbe" wird durch soziales Handeln die Behauptung zu einer real wirkenden Zuschreibung, sie wird *normalisiert*. Darunter verstehen wir die unausgesprochene Anerkennung gegebener Sprech-, Handlungs-, gar Überwachungsordnungen, die uns irgendwann so erscheinen, als seien sie natürlich.

Ein anderes Beispiel für performatives Sprechen ist der Ausspruch „Ich erkläre Sie hiermit zu Mann und Frau", womit im Sprechen ein Rechtsakt zur Wirkung (und die gesellschaftlich sanktionierte Vorstellung einer heteronormativen Paarbeziehung zum Ausdruck) kommt. Performativ wirken selbstverständlich nicht nur Sprechakte, sondern auch Haltungen und Annahmen, die sich im Diskurs durchgesetzt haben. Als Beispiel kann etwa die Generation der sogenannten ‚Digital Natives' dienen, die zwar nicht gefragt wurde, ob sie zu jeder Zeit ihren Alltag mit Hilfe digitaler Praktiken ausüben möchte, von der es aber nun qua Zuschreibung verlangt wird. Durch die Wiederholung dieses Topos (und der ebenso simplifizierenden wie unangemessenen Gegenüberstellung zu ,Digital Migrants') werden Jugendliche allererst performativ zu ,Digital Natives' gemacht.[46]

Wir haben es also beim (performativen) Sprechen mit einer Praxis zu tun, die bei Foucault zentral ist: der Subjektivierung. Sie beschreibt zweierlei, einerseits die Hervorbringung des Subjektiven – einer individuellen Sichtweise auf die Welt – andererseits die Unterwerfung unter soziale Ordnungen. Dort hat das Subjekt seinen etymologischen Ursprung; im Lateinischen bedeutet *subjicere* unterwerfen. Wir haben es also in der Subjektivierung mit einer paradoxen (scheinbar widersprüchlichen) Figur zu tun. Auf der einen Seite sind Subjekte Außeneinflüssen unterworfen bzw. ausgeliefert, auf der anderen Seite führt Subjektivierung zu individuellen Reaktionen und Mustern, mitunter gar zum Aufbegehren gegen Versuche der Unterordnung. Auch die pädagogische Praxis ist voll von verschiedenen Formen und Praktiken der Subjektivierung. Denken Sie bspw. an räumliche Ordnungen, die Adressierung einzelner SuS als ,Musterschüler' und die Absonderung von abweichenden Schülerinnen und Schülern in den Flur, in die Ecke des Klassenzimmers usw. (vgl. auch Kade, 2017).

Eine besondere Form und Praktik der Subjektivierung ist die Anrufung. Sie ist, weil es dazu immer mindestens zwei Parteien braucht, eine soziale Praktik. Anrufungen sind niemals nur einseitig, sondern setzen bei beiden Parteien gewisse Vorannahmen voraus. Ein pädagogisches Beispiel für eine Anrufung ist eine Frage einer Lehrerin danach, wer sich in der Lage fühle, Nachhilfe zu geben für Schülerinnen und Schüler, die sich eine Klassenstufe unter dieser befinden. Die Anrufung setzt demnach voraus, dass es leistungsstarke und selbstbewusste SuS gibt, die sich angesprochen fühlen; zugleich werden diese durch die Anrufung aber erst im Medium des Sozialen, also vor anderen und mit anderen, wechselseitig dazu gemacht und eine soziale Ordnung innerhalb der Klasse hergestellt. In anderer Weise und ähnlicher Form erfolgt die Anrufung von ,Klassenclowns', ,Strebern', ,Faulpelzen' usw.

Dabei findet Subjektivierung nicht nur als soziale Interaktion statt, sondern auch als Selbsttechnik. Die Selbstbeobachtung, -reflexion und -veränderung sind elementare Teile einer funktionierenden Regierung eines beliebigen sozialen Raumes. Foucault fasst diese unter dem Terminus *Technologien des Selbst* (Foucault et al., 1993). Historisch waren dies bspw. christliche Beicht- und Bußepraktiken, das Verfassen von Tagebüchern und anderen Texten; heute sind es (das konnte Foucault noch nicht antizipieren) Social-Media-Profile und -Aktivitäten, durch diese eine Selbstvergewisserung über den Ort im Sozialen und zugleich eine freiwillige Unterordnung unter die dortigen Spielregeln, mithin also: Subjektivierung, geschieht. Der Körper des Einzelnen ist der Ort, an dem

46 Inwiefern sich Denksysteme und Wissensformen verändern und ein Sprechen über sie als ,wären' sie kontinuierlich möglich ist, ist Gegenstand eines weiteren zentralen Werks Foucaults, *Archäologie des Wissens* (Foucault, 1981), das wir hier ebenfalls nicht vertieft behandeln können.

sich Subjektivierungsprozesse kristallisieren, daher spricht Foucault auch von der *anatomischen Macht*. In dieser Denkweise wird beispielhaft deutlich, dass man mit Foucault nicht mehr von einer binären Unterscheidung von Machthabern und Unterworfenen sprechen kann, sondern dass wir immer schon verwoben sind in Praktiken der Machtausübung, zu denen wir uns mehr oder weniger kritisch verhalten können.

Adressiert bzw. angerufen werden allerdings nicht nur individuelle Subjekte und Körper als kleinste Teile einer Gesellschaft, sondern auch ganze Gesellschaften. Weil es sich um Machteinflüsse handelt, die biologische Funktionen von Menschen betreffen, spricht Foucault von der *Bio-Macht*. Mit diesem Begriff beschreibt er Regierungsformen, die eine Zurichtung nicht einzelner, sondern aller Körper zum Gegenstand und Ziel haben. Dieser *Gattungskörper* der Bevölkerung wird einem Machteinfluss unterworfen, der fürsorglich daherkommt, zugleich aber Kontrolle bedeutet. Dazu gehört, das können Sie sich sicher schon denken, die Erfassung der demographischen Entwicklung einer Gesellschaft, v. a. der Geburten- und Sterberaten, aber auch der politischen Leitlinien und Maßnahmen wie Hygieneprogramme, Geburtenkontrolle und dergleichen mehr. Als zentrales Feld der Ausübung von Bio-Macht sieht Foucault die Sexualität. An ihr und dem Beispiel des öffentlichen Umgangs mit Homosexualität kann man zeigen, wie sich die Bio-Macht nicht als restriktive, sondern als produktive äußert. Ihr Ziel ist es, *normale* Vorstellungen des Lebens als Ordnung herzustellen, in denen Individuen verschiedene Freiheitsgrade des Handelns erfahren. Unterschiedliche Akteure (die Regierung, der Gesetzgeber, Lobbygruppen) kämpfen darum, was als normal und abweichend gekennzeichnet wird, woraus sehr reale Konsequenzen für Betroffene entstehen, die weit über offizielle Sanktionierung (Berufsverbote, Quoten usw.) hinausgehen und nach einer gewissen Zeit als natürlich erscheinen, aber kulturell hervorgebracht sind. Als pädagogisches Beispiel für Bio-Macht kann die Einführung des Sportunterrichts gelten, mit Hilfe dessen eine Vorstellung eines ‚gesunden Volkskörpers' innerhalb des Bildungssystems realisiert werden sollte (vgl. Caruso, 2003).

Die Gesamtheit der Praktiken und Institutionen, durch die durch alle Formen der Regierung – überwachend, Wissen anhäufend, regulierend – vom Individuum internalisiert (also zu eigen gemacht werden), fasst Foucault unter dem Begriff der *Gouvernementalität*. Er beschreibt zugleich Techniken der Regierung wie auch die Konsequenzen ihrer Akte in modernen Gesellschaftsformen. Praktiken der Adressierung, der Re-Adressierung und der Subjektivierung sind eng miteinander verknüpft und seit etwa zwanzig Jahren Gegenstand pädagogischer Forschung geworden (vgl. exemplarisch Ricken & Rieger-Ladich, 2004). Besonders zu nennen sind in diesem Zusammenhang die Bochumer bzw. Bremer Erziehungswissenschaftler Norbert Ricken und Nadine Rose sowie ihre Mitarbeiterinnen und Mitarbeiter. Sie verbinden die Subjektivierungstheorie Foucaults mit der Theorie der Anerkennung als Hervorbringung sozialer Ordnungen. Inzwischen liegt ein Bündel an Themen vor, die sich zumeist um schulische Praktiken drehen und deren forschender Zugriff inzwischen methodologisch sehr detailliert reflektiert wird (vgl. Kuhlmann & Sotzek, 2018; Ricken et al., 2017; Rose, 2018).

Foucaults Ideen zu Macht/Wissen, zu Praktiken der Subjektivierung usw. greift der Freiburger Soziologe Ulrich Bröckling auf. Er fragt danach, wie sich die allseitige Aufforderung nach unternehmerischem Handeln – man solle in allen Lebenslagen eigenverantwortlich, serviceorientiert und flexibel agieren – auf uns als Individuen sowie unsere Gesellschaft als Ganzes auswirkt. Das *unternehmerische Selbst* (so auch der Titel der 2007 erschienenen Monografie) ist dabei zugleich Medium und Produkt unserer Zeit. Uns interessieren daran nicht nur die gesellschaftlichen Veränderungsprozesse, weil diese auch immer pädagogisches Handeln limitieren, ermöglichen, begrenzen und eröffnen, sondern auch die Frage danach, inwiefern diese Form der Subjektivierung in pädagogischen Kontexten bereits Einzug gehalten hat und ob oder wie wir uns im pädagogischen Denken und Handeln dazu verhalten.

2.3.3 Das unternehmerische Selbst

Im Zentrum von Bröcklings Interesse steht also eine Form der (Selbst-)Regierung als Leitbild oder Idee. Diese Idee ist keine beobachtete Realität, die mit Mitteln der soziologischen Forschung erfasst wurde. Niemand verpflichtet sich explizit dazu, sich selbst zu regieren, sondern: Die Idee des Unternehmerischen ist über die Zeit im Diskurs denkbarer und sagbarer geworden. Sie bleibt als Leitbild stehts im Hintergrund und damit lange Zeit außerhalb kritischer Betrachtungen. Vielmehr ist das *unternehmerische Selbst* eine normative Vorstellung davon, wie man sich als Individuum in der heutigen Welt erfolgreich bewähren kann und *muss*:

> „Das unternehmerische Selbst bezeichnet überhaupt keine empirisch beobachtbare Entität, sondern die Weise, in der Individuen als Personen adressiert werden, und zugleich die Richtung, in der sie verändert werden und sich verändern sollen." (Bröckling, 2007, S. 46)

Wie sieht dieses Leitbild, diese Idee aus? Der Kern lässt sich mit dem Imperativ „Handle unternehmerisch!" zusammenfassen, eine Aufforderung zur Ökonomisierung der eigenen Handlungen und des eigenen Verhaltens, sodass man ein Selbstverständnis als *Ich-AG* entwickelt, die stets darum bemüht ist, ihren Kurswert auf jedem denkbaren Markt zu behaupten und zu steigern. Das betrifft den Arbeitsmarkt genauso wie den Dating- und Heiratsmarkt usw. Die produktive Machtausübung dieser Subjektivierungsform liegt in ihrem dauernden Zukunftsbezug: „Ein unternehmerisches Selbst ist man nicht, man soll es werden. Und man kann es nur werden, weil man immer schon als solches angesprochen ist" (ebd., S. 47). Ein Merkmal dieser Leitidee ist also, dass sie immer *erreichbar* scheinen muss, aber tatsächlich niemals erreicht wird. Der optimierte Zustand muss unerreichbares Ideal bleiben, damit die Idee des unternehmerischen Selbst funktioniert.

Die Adressierungsform des unternehmerischen Selbst ist eine, die ihren Ursprung in Mobilisierungsaufforderungen hat, die an Arbeitskraftunternehmer gerichtet sind, sich nun aber auf die gesamte Gesellschaft ausweiten. Ihr Zuhause hat sie im Management-Jargon und der zugehörigen -literatur. Dort wird der „Unternehmergeist" (ebd., S. 50) zur idealen Lebensform erhoben, der sich abgrenzt gegenüber dem (wenig bis unproduktiven) Dasein als Angestellter oder Beamter. Mit dem Erstarken des Neoliberalismus in den 1980er Jahren erfährt er eine Renaissance und ist heute ein so starkes Leitbild wie nie zuvor. Dabei, das müssen wir stets bedenken, wenn wir über das *unternehmerische Selbst* sprechen, hat der sich selbst als Unternehmer Imaginierende keine tatsächlichen Qualifikationen, die jene von Mitbewerben übersteigen; es ist vielmehr eine *Autofiktion*, eine *Simulation* der Selbstermächtigung und Selbstmobilisierung (vgl. ebd., S. 56). Durch das Beschwören dieser eigenen wirtschaftlichen Handlungsfähigkeit verwirklichen ökonomische Subjekte sich selbst und treiben das Narrativ des immerwährenden Wachstums an. Sie sollen „ihr Selbstwertgefühl und Selbstbewusstsein und ihre Gesundheit ebenso maximieren wie ihre Arbeitsleistung und ihren Wohlstand" (ebd., S. 61). Mit anderen Worten: Eine Lebensform außerhalb des Ökonomischen gibt es für das unternehmerische Selbst nicht; nur durch unternehmerisches Handeln gelangt man überhaupt erst zum Wohlstand und sogleich zum Glück. Mit Foucault wird der Optimierungsfuror des Unternehmerischen gerade nicht durch Überwachungs- oder Strafpraktiken evoziert, sondern durch die Hervorhebung und das Versprechen einer erfolgreichen *Selbststeuerung*.

Der Ort, von dem aus dieser Aktvierungsimperativ ausgeht, ist aber nun kein politischer. Vielmehr sieht Bröckling die Ausbreitung des *Entrepreneur*-Diskurses im Genre der Managementliteratur. Seit den 1980er Jahren werden dort sogenannte Unternehmertugenden benannt, die in ihrer Summe das Dasein als erfolgreicher Unternehmer ausmachen. Diese sind Flexibilität, Kreativität, Innovation, Koordination und Self-Empowerment (vgl. ebd., S. 64ff). Das unternehmerische Handeln jedoch bleibt nicht auf die wirtschaftliche Sphäre (also den Beruf) beschränkt. Vielmehr soll die unternehmerische Selbstschöpfung alle Lebensbereiche umfassen. Der Mensch wird zum „Lebensunternehmer" (ebd., S. 65), der nicht einfach Methoden der Zeitoptimierung in der Arbeit anwendet, sondern sein ganzes Leben an den unternehmerischen Tugenden ausrichtet und so zu einer neuen Lebensform gelangt. Dank Foucaults theoretischem Überbau können wir diese Absicht als eine Rationalisierungstechnik identifizieren, die ihre Überzeugungskraft aus pseudowissenschaftlichen Analyse- und Optimierungstechniken gewinnt, die noch heute zu großen Teilen im Personalmanagement, bei Einstellungsverfahren und selbstverständlich auch in Managementkursen zum Einsatz kommen.

Denken Sie bspw. an das Meyers-Briggs-System, das eine Person nach vermeintlichen Persönlichkeitstypen in vier Grundklassen einteilt. Es spielt gar keine Rolle, dass die Grundlagen und Methodik solcher Instrumente eher im Bereich des Nonsense und Wunschdenkens zu verorten sind, als dass sie wissenschaftlich abgesichert wären, denn: Sie erfüllen ihre Funktion für das Narrativ des unternehmerischen Selbst in hervorragender Weise. Eigenschaften, Potenziale und Defizite des Selbst werden ausgemacht, Orte für die Selbstoptimierung benannt und angegangen und nur schwer Verbesserliches als natürliche, d. h. nicht durch Handlung abzuhelfende, Konstante verbucht. Die Rationalisierung, die Anrufung, die Subjektivierung des Selbst durch solche – in den allermeisten Fällen sehr simple Menschen- und Weltbilder offenbarende – Instrumente funktioniert.[47]

Dass sich diese Subjektivierungsform erfolgreich durchsetzt, lässt sich auch an Veränderungen des Sozialen und Pädagogischen zeigen. Praktiken der Unternehmensführung halten Einzug in familiär-private Bereiche. Statt Erziehungsmaßnahmen zu treffen, werden Familienkonferenzen anberaumt, auf denen Abmachungen mit Kindern getroffen, deren Einhaltung und Nichteinhaltung vertraglich sanktioniert werden. So werden nachfolgende Generationen von Kindesbeinen an unternehmerisch sozialisiert und erzogen. In anderen Bereichen hat die Internalisierung der kapitalistischen Wachstumslogik, mithin also der fortwährenden Selbstoptimierung, große Schritte gemacht. Die sogenannte Quantified-Self-Bewegung (vgl. Damberger & Iske, 2017) verdatet alles an sich, was sich verdaten lässt: Vitalfunktionen, Körpermaße und -gewicht, Kalorienaufnahme und -verbrauch, Bewegungsprofile usw. usf. So lassen sich nicht nur eigene Verhaltensweisen ergründen; der Messung folgt mit großer Wahrscheinlichkeit eine Verhaltensänderung oder gar -optimierung, weil die Erkenntnis und ihre Reflexion zwangsläufig zu einem veränderten Selbst- und Weltverhältnis führen.

Dafür gibt es auch einen weiteren Anreiz, der in der Tatsache der Verbreitung des Managementdenkens liegt: durch eine Verweigerung ihrer Aufforderungen droht eine verbrämende Markierung. Wer sich nicht selbst optimieren möchte, der gilt schnell als Faulpelz, Taugenichts, Ewiggestriger. Es ist Aufgabe der Medizin und Psychologie die Spätfolgen dessen zu untersuchen, aber es darf vermutet werden, dass schon die andauernde Angst vor der sozialen Exklusion zu anhalten-

47 Bröckling selbst identifiziert einige weitere suggestive Psychotechniken wie das Neurolinguistische Programmieren (NLP) als Ermächtigungsinstrumente (2007, S. 69f). Die Wissenschaft hingegen verweist vielerorts auf die Entzogenheit des Menschen, seine Nichtergründbarkeit, die Hilflosigkeit im erfolglosen Erkennen des Selbst. In der Managementkultur scheint es eine Abscheu gegenüber dieser Einsicht zu geben, dort darf es keinen außerrationalen Rest geben.

den Angstzuständen, steigenden Burnout-Raten und Depressionen führt (wie es Bröckling auch vermutet).

Zugleich, das fällt dann in den Aufgabenbereich der Soziologie, wird die Gefahr der sozialen Erosion stärker. Wenn Gemeinschaft und Gesellschaft nicht mehr durch gemeinsame Ziele und Handlungen definiert werden, sondern nur noch als Aggregat individueller Leistungsbereitschaft, kündigt sich ein gefährlicher Wandel an. Der Kampf aller gegen alle wird als Normalzustand akzeptiert, nicht nur in der freien Wirtschaft, auch in Paarbeziehungen, in der Familie, in der Erziehung. Hier liegt das zentrale Problem der Wachstumslogik: sie hat kein Ziel, sondern erschöpft sich im relationalen *Mehr*. Mit anderen Worten: selbst ein real existierendes unternehmerisches Selbst wäre niemals gut genug, weil sich immer Eigenschaften und Handlungsfelder zur Optimierung finden lassen. Der Neoliberalismus als ideologische Hintergrundfolie scheint hier eine entscheidende Rolle zu spielen, denn er ermöglicht erst die legitime Betrachtung aller Lebensbereiche als Markt (vgl. Bröckling, 2007, S. 76ff). Die Regierung des Selbst im unternehmerischen Sinne verspricht Freiheit, führt aber ggf. zu ihrem doppelten Gegenteil: dem psychischen Gefangensein in einer Logik der dauernden Anspannung und Optimierung und der sozialen Auflösung gemeinsamer Bezugspunkte.

Ein offensichtliches Problem einer radikalen Marktperspektive auf menschliche Existenz und Ko-Existenz liegt in der Leugnung der Tatsache, dass Menschen nicht mit den gleichen Voraussetzungen und Bedingungen für ein gelungenes Leben sowie eine gelingende Bildungskarriere gesegnet sind. Eine manageriale Sichtweise ignoriert diesen Umstand ungleicher Herkünfte und reduziert Menschen auf die erhoffte und vorausgesetzte Fähigkeit, sich am eigenen Schopf aus dem Sumpf zu ziehen. Verantwortung für ein gelingendes Leben soll nicht mehr sozial gesichert werden (z. B. über inklusive Institutionen wie Schulsysteme, Krankenversicherungen und dergleichen mehr), sondern idealiter nur noch individuell. *Selbst-* wird universelles Präfix für jegliche Formen menschlicher Praxis: Es geht um Selbstsorge und Selbstverantwortung, vor allem aber um Selbstoptimierung – auch in der Pädagogik.

2.3.4 Pädagogische Ich-AGs

Wir finden heutzutage zahlreiche pädagogische Beispiele, die das Phänomen des unternehmerischen Selbst als Deutungsmuster von Transformationen plausibel machen. Besonders im Feld der Schule wird es an der Praxis des Selbstorganisierten Lernens (SOL) sichtbar. Darunter wird eine Didaktik verstanden, die sämtliche Verantwortung für gelingende Lernprozesse in die Schülerinnen und Schüler verlegt. Diese werden unternehmerisch tätig, indem sie ihre Lernziele selbst stecken, Lernstrategien entwickeln, ihre Lernzeit managen und idealerweise auch noch selbst die Lernerfolgskontrolle durchführen. Inzwischen ist ein solches Verständnis von Unterricht so weit verbreitet, dass es in einigen Bundesländern als offizielles Programm geführt wird. Aus pädagogischer Sicht fasziniert der Aspekt der Transformation des Sozialen: Waren Lehrkräfte vorher für große Teile des Unterrichtsgeschehens verantwortlich, so wird im Modus des SOL ein Lernerfolg überhaupt nur möglich, wenn die sozialen Interaktionen weitestgehend ausgesetzt werden.

Elemente des SOL sind solche, die wir bei Foucault und Bröckling als (Selbst-)Techniken der Kontrolle kennengelernt haben: Portfolios und Lerntagebücher, die den eigenen Lernfortschritt dokumentieren und bei seiner Optimierung behilflich sind. Durch die Überführung der Lernerfolgskontrollen an Lernende verändert sich auch das Berufsbild von Lehrerinnen und Lehrern, die nicht mehr oder kaum noch unterrichten, sondern primär Material arrangieren und verteilen und gemanagte Lernprozesse begleiten und die betreffenden Adressaten in ihren unternehmerischen Fähigkeiten *coachen*. Schülerinnen und Schüler sind demnach für schlechte Leistungen selbst verantwortlich, die Ursache ist nur nachrangig beim Lehrpersonal zu suchen. Ein Lehr-Lern-Verständnis, eine didaktische Relation von Unterricht ist vor dem Hintergrund des SOL nicht erwünscht.[48]

Die in der Einleitung genannten weiteren Trends der Schulpädagogik (*Agilität* als pädagogische Tugend, *Scrum* als pädagogische Methode) iterieren die von Bröckling analysierte Nähe zum betriebswirtschaftlichen Denken und Arbeiten. Nur folgerichtig wird mitunter vom „Schülerjob“ (Breidenstein, 2006) gesprochen.[49] Pädagogisch ist eine solche Entwicklung bemerkenswert, weil sie bei Kindern und Jugendlichen immer schon ein Wissen und Können voraussetzt, das eigentlich erst Ziel der jeweiligen Erziehungs-, Bildungs- und Unterrichtsprozesse ist. Wenn es denn so wäre, dass im Modus des Konstruktivismus Schülerinnen und Schüler ihr Wissen selbst anhäufen und managen können, dann wurde es in der Konsequenz die Institution Schule in ihrer jetzigen Form nicht mehr brauchen. Sollten diese Vermutungen stimmen, dann droht Schulen und anderen pädagogischen Einrichtungen nicht die Ökonomisierung (wie es Schimank und Volkmann befürchten); dann hat sich jene schon längst in ihren alltäglichen Praktiken vollzogen.

Auch in anderen pädagogischen Bereichen haben sich Erwartungen bzgl. unternehmerischen Handelns der Adressaten bzw. Klienten durchgesetzt. Es ließe sich bspw. die Frage stellen, ob die Durchführung von Hilfeplangesprächen eine

48 Ideologisch steht eine solche Position der konstruktivistischen Lerntheorie nahe, inkl. all ihrer theoretischen wie praktischen Probleme (vgl. Künkler, 2011, S. 129ff).

49 Georg Breidenstein, das muss hier allerdings betont werden, macht sich nicht mit der Position des SOL gemein, sondern versucht in dem Stichwort die Haltung und Einstellung von SuS gegenüber ihrem Handeln zu beschreiben.

ähnliche Form der Subjektivierung bedeutet, da die Betroffenen nur über wenige tatsächliche Ein- und Widerspruchsmöglichkeiten verfügen, ihnen aber eine entsprechende Handlungsfreiheit und Verantwortung suggeriert wird. Die Klienten, so könnte man mit Bröckling argumentieren, werden performativ zu Ich-AGs gemacht.

Im Allgemeinen erlaubt der theoretische Rahmen, den uns Foucault und Bröckling bereitstellen, pädagogische Subjektivierungen als Marker für durchdringende Praktiken der Ökonomisierung zu benennen und zu kritisieren. Eine solche Analyse, das ist das Ernüchternde, führt damit nicht direkt zur Gegenrede, sondern zunächst einmal zur Sichtbarmachung versteckter Strukturen, die unser Leben und unsere Gesellschaft beeinflussen. Auch ein Zurück ist angesichts der Verwobenheit mit der allgemeinen gesellschaftlichen Entwicklung nicht denk- und machbar. Es stellt sich die Frage, wie innerhalb des Sag- und Denkbaren Praktiken der Kritik zur Wirkung gelangen können. Mit Foucault gesprochen: wie realisiere ich es *nicht dermaßen regiert zu werden* (vgl. Maurer & Weber, 2006)?

Fragen zur Reflexion des Abschnitts 2.3

1. Worin unterscheiden sich Prozesse der Subjektivierung von solchen der Bildung?
2. Was spricht dafür, was spricht dagegen, dass Bildung auch als Form der Optimierung des Selbst gefasst wird?
3. Sind Ihnen selbst Anrufungen der Selbstoptimierung aus dem (Studien-)Alltag in Erinnerung geblieben? Wie wurden Sie dort adressiert?
4. Wenn Aufrufe zur Selbstoptimierung in der Wirtschaft alltäglich sind, ist es dann Aufgabe der Pädagogik, darauf entsprechend vorzubereiten?
5. Fallen Ihnen Beispiele ein, an denen eine Verschiebung des Denkbaren und des Sagbaren im (pädagogischen) Diskurs sichtbar wird?
6. Wenn Selbststeuerung eine Illusion ist, sind es Mündigkeit/Handlungsfähigkeit (und andere pädagogische Ziele) dann auch?

2.4 Ausblick: Neuere Perspektiven auf Ökonomisierung

Zum Abschluss des Theoriekapitels sollen hier zwei neuere Überlegungen zur Ökonomisierung der Bildung skizziert werden. Schon lange ist Geld nicht mehr nur die einzige Währung ökonomischer, d. h. mit dem Knappheitsproblem hantierender Betrachtungen. Sowohl die Zeit (Forster & Scherrer, 2018) als auch Aufmerksamkeit (Franck, 2004) offerieren hier Analysekategorien, die sich bewusst von materiellen Ressourcen und Tauschvorgängen abwenden und die Ökonomisierung menschlicher Praxis – und damit auch der Pädagogik – in ihren immateriellen, schwer zu erfassenden Dimensionen betrachten.

2.4.1 Die Ökonomisierung pädagogischer Zeit

Die beiden Fribourger Pädagogen Edgar Forster (†2021) und Madeleine Scherrer fragen danach, „wie Zeit in erziehungswissenschaftlichen Diskursen gefasst wird“ (Forster & Scherrer, 2018, S. 571). Ihre These ist, dass sich das pädagogische Denken über die Rolle von Zeit im Zuge der voranschreitenden Ökonomisierung verändert hat. In der Vormoderne waren es eher anthropologische Fragen, die beim Nachdenken über Zeit und Pädagogik bemüht wurden: Gibt es bestimmte Entwicklungsstufen des Menschen, die man an das biologische Alter knüpfen kann?[50] Wie lange ist der Mensch lernfähig bzw. bildsam? Kann man einen *fruchtbaren Moment*, wie ihn Friedrich Copei nannte, im Bildungsprozess erkennen und nutzen?

In der Moderne, vor allem durch die Verbreitung ökonomischer Theorien getrieben, lässt sich jedoch eine Tendenz beobachten, die einen Begriff der Zeit als knappe Ressource fasst. Die beiden Autoren gehen dabei kritisch auf die *Humankapitaltheorie* Gary Beckers zurück, der darin den volkswirtschaftlichen Nutzen von Bildungsinvestitionen betrachtet (siehe Kasten).

Aufgrund der biologischen Begrenztheit von Lebenszeit würde Becker zufolge jede menschliche Tätigkeit ökonomisch erfassbar. „Dadurch wird Zeit zu einem ökonomischen Gut: Man kann sie konsumieren, aber man kann sie auch einsetzen, um Einkommen zu erzielen“ (ebd., S. 575). Dies führt in der Folge zur Optimierung von Bildungszeit, die sich in drei Praktiken zeigt: Verfrühung, Effizienzsteigerung und Vermeidung von Störungen und Hemmnissen.

Eine Verfrühung der Bildungszeit, so Forster und Scherrer weiter, wird politisch bspw. durch den Ausbau frühkindlicher Bildung forciert. Kindergärten sind nicht mehr Verwahranstalten, in denen Kinder spielerisch Dinge lernen, sondern werden peu à peu zu Bildungseinrichtungen, in denen in systematischer und didaktischer Manier dafür gesorgt wird, dass das Einkommen bringende ‚Humankapital‘ nachfolgender Generationen immer früher akkumuliert wird. Leistungsorientierte Eltern können Kinder inzwischen in mehrsprachigen KiTas anmelden, in denen zugleich Sport und musikalische Bildung offeriert werden, um alle Bildungspotenziale ihrer Sprösslinge bestmöglich ausschöpfen zu können.

---

50 Die Analyse des Menschen in verschiedene Entwicklungsstufen ist im pädagogischen Denken weit verbreitet. Ein dezidiert pädagogischer Entwicklungsbegriff liegt jedoch nicht vor, stattdessen werden im Modus des Imports (entwicklungs-)psychologische Denkweisen übernommen und selten problematisiert, z. B. hinsichtlich kognitiver (Piaget), moralischer (Kohlberg), identitärer (Erikson) Entwicklung. Ein bei allen Modellen vorliegendes Problem liegt darin, dass aus empirischen Beobachtungen (z. B.: Kinder können in der Regel mit der Vollendung des ersten Lebensjahres laufen) eine Norm emergiert (Kinder sollten mit einem Jahr laufen können), die sich als natürlich gebart, es aber nicht ist und somit potenziell immer einen naturalistischen Fehlschluss (aus dem Sein wird das Sollen geschlossen) hervorbringt. Vgl. hierzu Buck, 2016.

Exkurs: Gary Beckers Humankapitaltheorie

Gary Becker (1930–2014) war US-amerikanischer Ökonom, der in seiner Theorie des Humankapitals volkswirtschaftliche Funktionen und Prozesse auf menschliches Verhalten bezog und so ökonomisch den Menschen und die Gesellschaft zu erklären gedachte.

Becker ging davon aus, dass der Mensch als rationales und ökonomisches Wesen (homo oeconomicus) danach strebt, seine Bildungsinvestitionen zwecks bestmöglicher Rendite zu wählen, womit er sich gegen andere durchsetzt. Die Akkumulation von erworbenem Wissen und Fähigkeiten, die sich dann ökonomisch tauschen lassen, nennt Becker Humankapital. Im Zentrum des Menschenbildes Beckers steht also die Nutzbarkeit von (Aus-)Bildung für den Arbeitsmarkt (vgl. Becker 1994).

Als Kostenfaktor für die Konzentration von Humankapital, das ist der ökonomische Clou Beckers, wird aber nicht nur die Zeit gezählt, die für den Schulbesuch, das Studium, Fortbildungen usw. notwendig ist. Auch die Nicht-Bildungszeit fließt als Opportunitätskostenfaktor in die Rechnung ein. Dieser ist jede Zeit, die nicht unmittelbar für die eigene Bildung und Ausbildung, sondern anderweitig verbracht wurde, also etwa für Museumsbesuche, Fernsehabende auf dem Sofa oder gemeinsames Kochen.

Die Theorie des Humankapitals ist bis heute in der Personalentwicklung gängig. 2004 wurde der Begriff zum Unwort des Jahres gewählt; als Begründung äußerte sich die Jury: „Die Bezeichnung degradiere Arbeitskräfte in Betrieben sowie den Menschen allgemein zu einer nur noch ökonomisch interessanten Größe“ (Spektrum, 2005).

Die Effizienzsteigerung der Investition in Bildungszeit differenzieren Scherrer und Forster nach vier (nicht erschöpfenden) Kategorien. Diese sind 1) die Planung und das *ökonomische Zeitmanagement*, z. B. in definierten Beratungszeiten in der sozialpädagogischen Praxis oder in der Optimierung von Lehr- und Bildungsplänen; 2) die *Vermeidung von Leerläufen* durch die Forcierung von Mikrolernen und kurzen Mikrofortbildungen, welche mitunter nur einige Minuten Zeit in Anspruch nehmen und in Form von Lehrvideos daherkommen; 3) die *Beschleunigung*, nicht nur in der objektiven Verkürzung von Bildungszeiten (aus fünf Jahren Diplom-Studium wird ein dreijähriger Bachelor-Studiengang), sondern auch in der subjektiven Affirmation (Bejahung) des Anpassungszwangs;[51] 4) das *richtige Timing*. Der letzte Punkt ist einer, der in neuropsychologischen Abhandlungen der letzten Jahre vermehrt Geltung erlangte, wie Forster und Scherrer herausarbeiten: „Wenn in einer kritischen Phase Reize fehlen, die das Gehirn normalerweise

51 Das Phänomen der gesellschaftlichen Beschleunigung erfuhr in den vergangenen Jahren besondere Aufmerksamkeit, insbesondere durch Hartmut Rosas Buch *Beschleunigung. Die Veränderung der Zeitstrukturen in der Moderne* (Rosa, 2005) und seinen Gegenentwurf einer Praxis der *Unverfügbarkeit* (Rosa, 2018), *Resonanz* (Rosa, 2019) oder gar einer solchen -pädagogik (Rosa, 2016). Rosa war nicht der Erste, der die Beschleunigung als zentrales soziologisches Problem unserer Zeit benannte. Bereits 1977 hatte der französische Philosoph Paul Virilio die sogenannte *Dromologie* als Forschungsfeld des Zusammenhangs von Geschwindigkeit, Beschleunigung und Macht begründet (Virilio, 1980).

erwartet, dann führt das zu Abbauprozessen und Umstrukturierungen von Kontaktstellen zwischen Neuronen" (ebd., S. 577). Eine solche Sichtweise setzt gewiss besserverstehende Erzieherinnen und Erzieher voraus, die immer schon wissen, wann welcher Reiz bei einem Kind angemessen ist – insofern ist diese Referenz auch als Kritik an der neurobiologischen Verkürzung, Normierung und Technisierung des Menschen zu verstehen.

Die dritte Praktik schließlich versucht, alles zu verhindern, was „frühere Anstrengungen zur Bildung von Humankapital [vernichtet oder relativiert]" (ebd., S. 578). Hierfür werden nicht einzelne Kinder, Jugendliche und Erwachsene erforscht, sondern aggregierte Daten: In Längsschnittstudien werden optimale Bildungskarrieren gesucht und benannt, die die größte Rendite versprechen. Aus dem gewonnenen Wissen werden sogleich politische Maßnahmen abgeleitet, die sich in der „Standardisierung von Lebensläufen und Zertifizierung von informeller Bildung" (ebd., S. 579) genauso zeitigen wie in der Harmonisierung und Normierung des europäischen Hochschulraumes zur Vergleichbarkeit von Bildungsabschlüssen. Wir werden hier direkt an Foucault und dessen These erinnert, dass in der Disziplinargesellschaft aus der Überwachung und Beobachtung von Menschen sogleich ihre Regierung folgt.

Forster und Scherrer sind in der Bewertung ihrer Funde sehr vorsichtig und schreiben: „Die von uns gewählten Beispiele sind also keine Belege für eine ökonomische Transformation des pädagogischen Feldes" (ebd., S. 580), dennoch kann ihre Analyse als plausible Rekonstruktion des Zeitbegriffs im Pädagogischen gelten.

2.4.2 Aufmerksamkeit und mentaler Kapitalismus

Der Wiener Architekt und Stadtplaner Georg Franck betrachtet nicht die Zeit, sondern ein anderes Phänomen. Er hat 1998 den Titel *Ökonomie der Aufmerksamkeit* vorgelegt, in dem er seine Gedanken dazu entfaltet. Erst mit einiger Verzögerung wurden die Thesen Francks dann erziehungswissenschaftlich rezipiert. Im Buch beschreibt er, wie in der heutigen Zeit, vor allem unter Bedingungen neuer Medien und der Omnipräsenz von Informationen, unsere Aufmerksamkeit zu einer Währung wird, die Geld ergänzt. (vgl. Franck, 2007).

Der Kapitalismus befindet sich ihm zufolge an einer Wende zum Immateriellen: Es werden nicht mehr primär Güter und Informationen gehandelt, weil vor allem letztere in einer „nicht mehr zu bewältigende[n] Flut" (ebd., S. 159) vorhanden sind. Zukünftig wird also auf der Seite der Rezeption die Selektionsleistung der Aufmerksamkeit als unteilbare und ultimative ökonomische Ressource bedeutsam. Marktwert und Reichtum definieren sich demnach dadurch, dass man besonders – zusätzlich und parallel zu einem monetären Einkommen – viel Aufmerksamkeit erhält. Armut wäre in dieser Perspektive demgegenüber die Unsichtbarkeit auf der Bühne der Öffentlichkeit. Als universelle Währung, die Geld ersetzt, kann Aufmerksamkeit jedoch nicht gelten. Ein Grund dafür: „Die Beachtung, die von Bewunderung hingerissen ist, zählt anders als eine, die aus bloßem Respekt gezollt wird; und diese zählt noch einmal anders als eine, die aus Feindseligkeit oder gar Abscheu herrührt" (Franck, 2004, S. 73). Im Gegensatz zu üblichem Geld, für das eine absolute Fungibilität (Gleichwertigkeit der Einheiten) gilt, gibt es gute und schlechte Aufmerksamkeit. Auch kann man diese nicht aufbewahren oder speichern, was ebenfalls gegen das Argument des Austauschs von Geld gegen Aufmerksamkeit spricht.

Ob diese Überlegungen auch in pädagogischen Arbeitsfeldern gelten, darf zumindest teilweise angezweifelt werden. Besonders im schulischen Kontext ist eine Aufgabe von Lehrkräften die Selektion, Anordnung und Aufbereitung dessen, auf das dann Aufmerksamkeit gelenkt werden soll. Mit Klaus Pranges Anmerkung, dass zu jedem Zeigen auch immer ein Verbergen gehört (vgl. Prange, 2005, S. 66), drängt sich die Nachfrage danach auf, ob tatsächlich eine pädagogische Aufmerksamkeitslenkung erfolgt und ob es dann auch eine gewollte und gesteuerte Nicht-Aufmerksamkeit auf etwas Anderes gibt.

Die Begründung für die Entwicklung der Aufmerksamkeitsökonomie liefert Franck als eine sozialanthropologische und zieht zugleich deutliche Parallelen zu Bourdieu. Er behauptet, dass, nachdem ein großer materieller Wohlstand aufgebaut wurde, Menschen nach neuen Möglichkeiten der sozialen Distinktion suchen. Aufgrund der monetären Zahlungsfähigkeit entwickelt sich ein Markt, der demonstrativen bzw. „ostentativen Konsum" (Franck, 2007, S. 162) ermöglicht: man zeigt, dass man sich ein Auto für eine halbe Million oder ein Kunstwerk für mehrere Millionen Euro leisten kann. Dies ist allerdings nur der Einstieg in eine Ökonomie, deren Ziel die Erhöhung des Selbstwertes der Betroffenen hat. Die Frage danach, welche Rolle sog. Bildungs-Influencer auf YouTube und anderen Plattformen einnehmen, ist eine, deren wissenschaftliche Untersuchung nach derzeitigem Stand noch aussteht. Wir sehen: Franck hat keine dezidiert pädagogischen Argumente geliefert (was ob seines Berufs nicht überrascht), aber er bietet interessante Anknüpfungspunkte für pädagogische Fragen.[52]

Eine Schlüsselrolle in der Verteilung von Aufmerksamkeit nehmen die Medien ein, die den Ort bilden, an dem das Überangebot an Informationen selektiert und einem Massenpublikum zur Verfügung gestellt wird. Innerhalb des Mediensystems werden Mechanismen zur Erlangung der Aufmerksamkeit von Mediennutzern fortwährend raffinierter, da das Angebot von Aufmerksamkeit bioökonomisch beschränkt ist – wir können zu jeder gegebenen Zeit immer nur einer Sache

52 Aufmerksamkeit wurde im pädagogischen Diskurs lange nur im Modus des Pathologischen besprochen, nämlich als der pädagogisch-psychologisch notwendigen Bearbeitung von Unaufmerksamkeit, Unterrichtsstörungen usw. Für historisch-systematische Reflexionen aus der Erziehungswissenschaft zum Phänomen der Aufmerksamkeit vgl. Reh et al., 2015.

unsere Aufmerksamkeit schenken. Auch, so Georg Franck, ist das „Aufkommen pro Kopf (beziehungsweise pro *da* seiendem Bewusstsein) [...] nahezu konstant" (Franck, 2007, S. 164; Hervorhebung im Original). Ökonomisch handelt es sich beim Kampf um Aufmerksamkeit also um einen *Käufermarkt*, da sie es sind, die im Angebotsüberhang das zu Konsumierende wählen können. In neuen Medien wie dem Internet wird in der Regel „nur noch in Aufmerksamkeit bezahlt. Was hier zählt, ist nicht mehr die Kasse, sondern das Zählwerk [i. S. der Klickzahlen; MFB]" (ebd., S. 166).[53]

Unter dem Stichwort *Mentaler Kapitalismus* führt Franck (2003; 2005) die bisherigen Gedanken fort. Am Beispiel sich aufdrängender Werbung plausibilisiert Franck die Idee, dass sich unsere Konzentrationsfähigkeit auf einen Gegenstand zur Zeit beschränkt. Allein: der öffentliche Raum wird zum Marktplatz privatwirtschaftlicher Interessen, in Form von allseitig vorhandener Werbung konkurriert diese in einem fort um unsere geistige Aufnahmefähigkeit. Um die Anziehung möglicher Kunden hat sich demnach eine ganze „Technologie der Attraktion" (Franck, 2003, S. 5) entwickelt, die von bisherigen Theorien des Ökonomischen unbeachtet blieben.

Zugleich übt Franck Kritik an Bourdieus Kapitaltheorie. Weil der Grund für Aufmerksamkeit nicht mehr an eine bestimmte Qualität kultureller Produktion gebunden ist (das lässt sich an Einschaltquoten des Privatfernsehens gegenüber Bildungsprogrammen des öffentlich-rechtlichen Rundfunks genau so einfach nachweisen wie an Verkaufszahlen unterschiedlicher Literatur-Genres), verliert die Distinktionskraft kulturellen Kapitals an Wirkung.

Als „Finanzinstitute des mentalen Kapitalismus" (ebd., S. 6) fungieren dann die Medien, die durch ihre Selektionsfunktion die Steuerung der Aufmerksamkeit übernehmen. Zugleich haben sie selbst Interesse daran, beliebte Inhalte zu transportieren, um ihren eigenen Wert als Aufmerksamkeitsplattform zu steigern. Franck geht sogar so weit zu behaupten, dass wir uns am Übergang von einer Parteien- zu einer Mediendemokratie befinden, da die Medien in der Differenzierung ihres Programms die Aufgaben erfüllen, die bisher den Parteien zustanden. Einher geht diese Entwicklung mit der Verbreitung postmoderner Denkweisen, die Wahrheiten nur noch im Plural akzeptieren. Mediennutzerinnen und -nutzer wählen demnach die Medien aus, die am ehesten ihrem Weltbild entsprechen. Eine Auseinandersetzung mit widerstreitenden Positionen entfällt. Sowohl auf Anbieter- als auch auf Konsumentenseite wird so einer „Kultur des

53 Wie auch beim Börsenwert von Meta, Google und anderen lässt sich darüber streiten, ob der Wert der Klickzahlen in der Steigerungslogik des Kapitalismus (Wachstum als Prinzip) angelegt ist – also auf der Hoffnung auf zukünftige Einkünfte basiert –, oder ob die erzeugten Userdaten (Bewegungsprofile, Zahlungsverhalten usw.) einen inhärenten monetären Wert repräsentieren. Für eine aufmerksamkeitsökonomische Betrachtung ist diese Differenz irrelevant, Aufmerksamkeit gibt es immer nur im Jetzt, sie ist flüchtig.

Narzissmus“ (ebd., S. 14) Vorschub geleistet, in der es nicht mehr um Erkenntnis oder Gemeinschaft geht, sondern um Anerkennung und Identität.

Eine besondere Rolle im mentalen Kapitalismus nimmt zudem die Wissenschaft ein, die, so Franck, eine „geschlossene Ökonomie der Aufmerksamkeit“ (ebd., S. 10) darstellt – eine vertiefte Auseinandersetzung damit überspringen wir hier. Aber: Merken Sie sich Georg Franck, wenn Sie sich im weiteren Studienverlauf mit Wissenschaftstheorie, -forschung und -kommunikation beschäftigen.

Fragen zur Reflexion des Abschnitts 2.4

1. Welches Menschenbild liegt in Beckers Humankapitaltheorie vor? Ist es eines, das universell gültig ist?
2. Wenn aus der Beobachtung quasi zwangsläufig Steuerungs- bzw. Regierungsprogramme entstehen, soll dann in der Folge keine empirische Erforschung erfolgreicher Lebensläufe mehr erfolgen?
3. Lassen sich Pädagoginnen und Pädagogen in ein ökonomisierendes Programm einspannen, wenn sie Mikrofortbildungen wahrnehmen?
4. Nimmt Franck ggf. eine eurozentrische Perspektive ein oder gilt die Aufmerksamkeitsökonomie zugleich für Menschen des globalen Südens?
5. Gelten die Ideen einer Ökonomisierung von Zeit und Aufmerksamkeit gleichermaßen für pädagogische Orte und Praxen oder sind diese durch ein ‚Aussetzen der äußeren Welt‘ gekennzeichnet?
6. Gibt es Merkmale der Zugehörigkeit (Alter, Geschlecht, soziale Schicht, Migrationshintergrund), die die Verfügbarkeit von Zeit und Aufmerksamkeit positiv oder negativ beeinflussen?

3 Pädagogische Beispiele

In unserem letzten Abschnitt wird die Ökonomisierung von fünf exemplarischen Praxisfeldern bzw. Altersphasen der Pädagogik beleuchtet: Kindheit, Schule, Hochschule, Erwachsenenbildung und Sozialpädagogik. Zu jedem Arbeitsfeld werden zwei Beiträge vorgestellt und kommentiert. Es ließe sich auch eine andere Ordnung finden, bspw. mit dem Blick auf Geschlechterunterschiede in einer ökonomisierten und ökonomisierenden pädagogischen Praxis (Borst & Casale, 2007) oder mit strengem Blick auf Lebensphasen (Kindheit, Jugend, Erwachsenenalter) der Adressaten. Die vorliegende Ordnung ist eine, die einen Nachvollzug der vorliegenden Praxis erleichtern und zum Nach- und Weiterdenken anregen soll. Die hier eröffneten Perspektiven, damit soll diese Vorbehaltsklausel schließen, sind selbstverständlich nicht erschöpfend und vom wissenschaftlichen Makel der steten Vorläufigkeit und Unabgeschlossenheit behaftet.

Der Rückbezug auf unsere drei theoretischen Zugänge zeigt sich in den Beispielen manchmal offensichtlich, manchmal etwas subtiler. Es liegt auch an Ihnen, Bezüge und Verbindungen zu dem vorher Thematisierten herzustellen. Hieran sehen wir auch: Theorie und Praxis stehen in einem miteinander verwobenen Verhältnis. Man kann nicht ‚Theorie auf Praxis anwenden', sondern: Mit einer Theorie werden Beobachtungen, wird Empirie mit Sinn versehen und so geöffnet für weitreichende Reflexionen und eine anschließend veränderte pädagogische Praxis.

3.1 Die Ökonomisierung der Kindheit

Schon vor der Geburt sind Kinder in ökonomische Gegebenheiten verflochten: der Markt für Kindheit und Jugend ist ein beträchtlicher, das gilt auch und im Besonderen für die Zeit, in der die ‚kleinen Leute' noch keine eigenen (ökonomischen) Entscheidungen treffen. Wer selbst Kinder hat oder auch nur Waren des täglichen Bedarfs (Windeln, Feuchttücher, Kindernahrung) erstanden hat, hat am eigenen Leib erfahren, dass die Phase der Kindheit auch einen enormen Absatzmarkt für Produkte und Dienstleistungen jeglicher Art darstellt (vgl. Brinkmann, 2008). Doch das ist nur die Außenseite einer tiefgreifenden „Ökonomisierung der Kindheit" (Neubauer et al., 2002; vgl. auch Mierendorff, 2019; Mierendorff et al., 2022). Diese ist auf makropolitischer Ebene durch Ambivalenzen gekennzeichnet: Einerseits findet eine staatliche Förderung durch Kindergeld, Subventionierung von Betreuungsplätzen, Steuerfreibeträge usw. statt; andererseits werden staatliche Ausgaben für Betreuungs- und Bildungseinrichtungen tendenziell reduziert und es wird zunehmend auf das Engagement der Eltern gesetzt.

Zugleich stellt sich die Frage danach, ob die Lebensphase der Kindheit ihrer Eigenheit ‚beraubt' wird, in dem bspw. eine steigende Imitation des Erwachsenenlebens erfolgt oder ein verändertes Professionsverständnis von pädagogischen Fachkräften zu einer verstärkten Praxis der Messung, Normierung und Optimierung kindlicher Lebens- und Lernumwelten führt. Die in Abschnitt 2.4.1 genannte Ökonomisierung der Zeitstrukturen erscheint jedenfalls sehr plausibel. Mit zwei weiteren Argumenten kann man die Negierung der Kindheit als Moratorium (Schutzraum) infrage stellen: einerseits medial, andererseits in Form verfrühender Verschulung.

Bereits in den frühen 1980er Jahren hat der US-amerikanische Medienforscher Neil Postman *Das Verschwinden der Kindheit* (Postman, 1995) erahnt. Besonders durch das Fernsehen, so seine Hauptthese, gäbe es keine Geheimnisse der Erwachsenenwelt mehr – Kinder können ohne Lesekenntnisse am Geschehen der Welt teilhaben. Diese Aufhebung der Trennung führe dann zu einer veränderten Sozialisation. Kinder gewöhnen sich an Verhältnisse der Welt und affirmieren sie. Postman sieht bspw. in steigenden Kriminalitätsraten ein Indiz dafür. In gleicher Weise steht zu vermuten, dass eine Einbindung von Kindern in die ökonomische Welt Erwachsener erfolgt. Auch hierfür gibt es mediale Phänomene, die diese These stärken: Bereits im Kindesalter wird die Bedienung von Smartphones und Tablets sicher beherrscht, sodass bereits heute durch auf Kinder zugeschnittene Angebote neue Märkte erschlossen werden und Kinder durch Medien immer früher mit dem Prinzip der alles durchdringenden Kapitalisierung konfrontiert werden. Während bis vor einigen Jahren das Medienangebot ein vorwiegend rezeptives war, können Kinder heute als Stellvertreter ihrer zahlungskräftigen und -bereiten Eltern auftreten: Das ‚Kaufmannsladen'-Spiel weicht tatsächlichen In-App-Käufen.

Zugleich finden eine Verschulung und Transformation elementarpädagogischer Praxis statt. Kindern wird früher als zuvor eine schülerähnliche Lebensform zugemutet und elementarpädagogische Institutionen peu à peu dem Bildungssystem zugeordnet; das freie Spiel in der Kita weicht potenziell dem sehr frühen Fremdsprachen- und Musikunterricht. Zugleich entstehen Dokumentations- und Evaluationspraktiken, die eine Überwachung und Nachsteuerung des Lernfortschritts ermöglichen sollen – bspw. Hefte, in denen der Lernfortschritt hinsichtlich des Spracherwerbs verfolgt wird. In der Folge bedeutet das nicht nur eine veränderte Professionalität der Erzieherinnen und Erzieher, sondern auch die Entstehung eines Marktes für frühe Nachhilfe, Lernmittel und dergleichen mehr.[54]

54 Es handelt sich historisch nicht um den ersten Versuch einer verfrühten Verschulung. Bereits in den 1970er Jahren gab es ähnliche Vorstöße, jedoch ohne die heute vorliegende Legitimati-

Einen besonderen Fall stellt dann die Veranstaltungsform ‚Kinderuniversität' dar, die sich als Bildungsangebot geriert (vgl. Böttner 2018), aber ggf. die Postman'sche Vermutung der verschwindenden Trennung von Kinder- und Erwachsenenwelt realisiert und zugleich Kinder für ihre Werbemaßnahmen gebraucht. Auch wenn Kinder dort keine Semestergebühren bezahlen müssen, stellt sich die Frage, zu welchem Preis dieser scheinbar kindgerechte Vorstoß die Zweckfreiheit und Privatheit der Lebensphase Kindheit relativiert.

3.2 Die Ökonomisierung der Schule

Die Schule ist als größtes professionelles pädagogisches System ein besonderer Schauplatz von Veränderungsprozessen. In 28.449 öffentlichen allgemeinbildenden Schulen und 315.946 Klassen wurden im Schuljahr 2021/2022 insgesamt 7.648.997 Schülerinnen und Schüler unterrichtet – von 633.813 Lehreinnen und Lehrern.[55] Hinzu kommen berufliche und Privatschulen, sodass wir von insgesamt weit über 800.000 Lehrkräften und über 11 Millionen Schülerinnen und Schülern sprechen. So groß das deutsche Schulsystem ist, so divers ist es. Genau genommen gibt es 16 unterschiedliche Schulsysteme – in jedem Bundesland eines. Die föderale Struktur der Kultuspolitik sorgt nicht nur für eine gewisse Unübersichtlichkeit, sondern auch dafür, dass Bildungspolitik regelmäßig im Wahlkampf in Anschlag gebracht wird, um sich politisch zu profilieren.

Die andauernde Bildungsreform kann dabei zweifelsohne als Treiber von Ökonomisierung gelten (vgl. Hartong et al., 2018). Sie hat ihren Ursprung in der Implementation weitreichender Vergleichsarbeiten, die sich nicht nur auf einzelne Jahrgänge und Bundesländer beschränkten, sondern etwa seit der Jahrtausendwende international agieren. Die bekannteste Vergleichsstudie ist *PISA*, die von der Wirtschaftsorganisation OECD verantwortet und deren Durchführung in den Teilnehmerstaaten an einzelne Institute delegiert wird. Neben PISA gibt es noch weitere internationale Vergleichsstudien (auch ILSAs genannt: International Large Scale Assessments), die von anderen supranationalen Organisationen erdacht, durchgeführt und ausgewertet werden. Diese sind bspw. *IGLU* (Internationale Grundschul-Lese-Untersuchung, im internationalen Kontext PIRLS: Progress in International Reading Literacy Study), *ICILS* (International Computer and Infor-

on über die zukünftige Beschäftigungsfähigkeit in einer globalisierten Welt. Der Widerstreit zwischen Betreuung, Erziehung und Bildung ist einer, der sich als Dauerthema durch die Geschichte der Elementarpädagogik zieht.

55 Alle Daten stammen vom Statistischen Bundesamt, das unter dem Code 21111 genaue Daten über allgemeinbildende Schulen nach Schulart, rechtlichem Status, Bundesland, Alter der SuS differenziert usw. nachhält und somit eine hervorragende Datenbasis für eigene Sekundäranalysen darstellt: https://www.destatis.de/DE/Themen/Gesellschaft-Umwelt/Bildung-Forschung-Kultur/Schulen/_inhalt.html.

mation Literacy Study, sie fokussiert auf Medienkompetenz) oder *TIMMS* (Trends in Mathematics and Science Study).

Allen Vergleichsstudien ist gemein, dass Sie Kompetenzraster entwickeln, in denen die abgefragte Leistung von Schülern numerisch erfasst und so vergleichbar gemacht wird. Hierin vollziehen diese Studien eine Wende von der bisherigen Praxis von Schule und Unterricht. Waren es vorher fachlich legitimierte Inhalte, die zum *Gegenstand* von Unterricht wurden (also als *Input* beschrieben werden können), sind es nun ausschließlich *Schülerleistungen*, die in Form von *Output*-Messungen Auskunft geben sollen über die Leistungsfähigkeit (und -unfähigkeit) von Schulsystemen. Das Konstrukt der Kompetenz, die mit diesen Studien gemessen werden soll, unterscheidet sich demnach kategoriell vom Begriff der Bildung, der spätestens seit dem Neuhumanismus als Leitwert *des Bildungssystems* galt.[56]

Mit Hilfe betriebswirtschaftlicher Steuerungsmuster und Instrumenten des New Public Management entwickelt sich ein Verständnis der Institution Schule, die nicht mehr dem Gemeinwohl wie dem sich zu bildendem Individuum dient, sondern der ökonomischen Effizienz (vgl. Bellmann, 2001a). Mehrere Aspekte dieser Umsteuerung sind fragwürdig, etwa ein stark reduzierter Qualitätsbegriff, wenn es offiziell um Qualitätssicherung geht, eigentlich aber nur Effizienz gemessen wird. Hinzu kommen methodologische Probleme mangelnder Messbarkeit von Bildung und der Implementation eines Kontrollregimes, das via Konkurrenz, Definition von Leistungsstandards und Evaluationen funktioniert. Das Einüben von gegenseitiger Unterstützung und Hilfe ist kein Teil schulischer Sozialisation mehr, wenn sich Schülerinnen und Schüler in der Schule zwangsläufig in den Kampf aller gegen alle bewegen. Nicht nur vereinheitlichen ILSAs wie PISA und IGLU Schule, das wäre ja pädagogisch ggf. sogar wünschenswert, auch verändern sie unsere Sicht darauf, was Schule ist, was sie leisten kann und soll – so auch die plausible These des Osloer Kollegen Svein Sjøberg (2019). Einige Beispiele für den Einzug managerialen Denkens in der Schule haben wir bereits in der Einleitung kennengelernt.

Die genannte politische Forcierung einer stärkeren Beteiligung privatwirtschaftlicher Akteure führt dann zur These, dass die derzeitige Transformation gar als demokratiegefährdend zu bewerten ist, da hoheitliche Aufgaben externalisiert werden. Schule spielt eine zentrale Rolle in ihrer vorbereitenden Funktion für gesellschaftliche und politische Teilhabe. Die Nutznießer dieser Externalisierung sind nicht nur die supranationalen Organisationen wie die OECD, die Testungen durchführen und Daten aggregieren, sondern auch alle jene, die sich an der

---

56 Die Diskussion um die harmlos klingende *Evidenzbasierung* der Pädagogik hält inzwischen seit zwei Jahrzehnten an, ohne dass sie zwischenzeitlich zu einer produktiven Übereinkunft zwischen der empirischen Bildungsforschung und der Bildungstheorie gelangt wäre. Vgl. hierzu Bellmann & Müller, 2011.

Umgestaltung schulischer Praxis aktiv beteiligen. Am Beispiel der ‚Schul-Cloud' kann man dies verdeutlichen: Für ihr Funktionieren verantwortlich ist das Potsdamer Hasso-Plattner-Institut (HPI), was vom gleichnamigen Mitgründer des deutschen IT-Unternehmens SAP der Universität Potsdam gestiftet wurde. Unter Umgehung der üblichen Ausschreibung entschied das BMBF die Zuteilung von etwa 7 Millionen Euro für die Entwicklung und Pflege der Plattform bis in das Jahr 2021, in dem die sog. Roll-Out-Phase mit der Etablierung eines „Lernstores[!]" schließt, wie einer Antwort auf eine kleine Anfrage des Deutschen Bundestags (2019) zu entnehmen ist. Nicht nur mit Blick auf die sog. Plattformökonomie wird der Einfluss privater, teils als Stiftungen verschleierter Akteure größer (vgl. hierzu Höhne, 2015b; Höhne et al., 2020; Höhne & Striebing, 2020). Auch im beträchtlichen Markt der Lehrmittel (SmartBoards, Tablets, Bücher, Lizenzen) kommt es zu einer Vervielfachung der Marktteilnehmer und Einflussnehmer auf Bildungsorganisationen, die bisher in den meisten Fällen lokal und regional organisiert wurden.

Diese politisch-wirtschaftlichen Strukturmomente sind jedoch nicht die einzige Form der Umwandlung von Schule und Unterricht. Auch in der Lehramtsausbildung scheint sich eine bestimmte ökonomische Denkweise durchzusetzen. Beispielhaft dafür stehen die Idee des Classroom Managements (!) oder das von Andreas Helmke erarbeitete Angebot-Nutzungs-Modell des Unterrichts (2017), das an vielen Standorten der Lehramtsausbildung kanonisch geworden ist. Darin wird didaktisches Handeln wie ein Markt betrachtet, auf dem pädagogische Güter (Unterricht) als Angebot der Nachfrage des schülerseitigen Lernens gegenüberstehen. In einer solchen Denkweise erfolgt nicht nur eine radikale Reduktion von Schülerinnen und Schüler auf ihre Konsumenten- und Lernfunktion (soziale Momente, solche der Sozialisation und Bildung bleiben außen vor oder werden unter das Lernen subsumiert); auch wird die Differenz zwischen einer technischen und nicht-technischen, kontingenten Praxis, mithin zweihundert Jahre Forschung und systematische Reflexion über Unterricht und Schule, ignoriert (für eine weitreichende Kritik der Didaktisierung als „Totengräber der Didaktik" vgl. Gruschka, 2002, S. 328ff). Bisher wenig thematisiert ist zudem der Umgang mit Schülerdaten und den Eigentumsverhältnissen dieser (vgl. Pötzsch & Buck, 2023).

In der Folge behaupten bereits heute zahlreiche Lehramtsstudierende, dass Sie sich nicht mehr für Erziehung bzw. erziehenden Unterricht (wie es einst Herbart nannte) zuständig wissen, sondern nur noch für *Lernbegleitung*, für *Coaching* „oder was sonst noch alles angeführt wird, um dem offenbar etwas unbequemen und ungefügen Sachverhalt des Erziehens auszuweichen", wie es Klaus Prange (2000) in seinem *Plädoyer für Erziehung* formuliert. Man kann also die These aufstellen, dass die Umsteuerung des Bildungssystems – ob erwünscht oder nicht – eine veränderte oder gar eine De-Professionalisierung des Lehrberufs mit sich bringt. Auch am Beispiel des anhaltenden Erfolgs des Konzeptes des Selbstorganisierten Lernens (Abschnitt 2.3.4) wird diese Vermutung plausibel.

3.3 Die Ökonomisierung der Hochschule

In den Hochschulen ist die Einführung einer internationalen Konkurrenz im und durch das Bachelor-/Master-System noch deutlicher zu erkennen als in den Schulen. In der Einleitung sowie im Abschnitt 2.1 haben wir bereits einige Aspekte und Reaktionen darauf kennengelernt. Wo aber nahm diese Entwicklung ihren Anfang?

Bildungshistorisch kann man argumentieren: im Kalten Krieg. Wie die Tübinger Historikerin Anne Rohstock (2013) nachzeichnet, ist die in den Lissabon- und Bologna-Erklärungen genannte und seit über zwei Jahrzehnten laufende Harmonisierung des Hochschulraums eine Fortführung des Ost-West-Konflikts. In einem technokratischen Verständnis von Bildung wurde „die Steuerungsfähigkeit des Bildungswesens analog zu Verteidigungs- und Wirtschaftssystemen [propagiert]" (ebd., S. 205f) mit dem Zweck, „Kapitalismus, Freiheit und Pluralismus" (ebd., S. 204) über nicht-staatliche Organisationen wie die OECD zu verbreiten. Ziel war es, die Überlegenheit des eigenen politisch-kapitalistischen Systems zu demonstrieren. Erfolgreich wurde dieses Vorhaben dadurch, dass Bildung (im soziologischen Sinne) als „Grundbedingung einer positiven Wirtschaftsbilanz" (ebd., S. 205) glaubhaft wurde. Hier brauchte es in der Folge eine „Normierung der Bildungssprache" und „eine Klassifikation der Bildungssysteme untereinander" (ebd., S. 206). Spätestens mit der 1999 verabschiedeten Bologna-Erklärung und der flächendeckenden Einführung von Bachelor- und Master-Studiengängen war dieses Ziel erreicht. Fortan standen nicht nur Wissenschaftlerinnen und Wissenschaftler in ständiger Konkurrenz zueinander (vgl. Schimank, 2008; Winter, 2012), sondern auch die Teile der größten Statusgruppe an Hochschulen: Studierende. Die für den Bologna-Prozess in Anschlag gebrachten Argumente (höhere Mobilität, fortlaufende Qualitätssicherung der Lehre, eine stärkere Ausrichtung am Arbeitsmarkt – zumindest auf Bachelor-Niveau) erweisen sich so nicht unbedingt als Studiervorteil, wohl aber als Konkurrenzsituation. Auch studentische Leistungen werden qua relativer Noten (A bis E) leichter vergleichbar.

Plötzlich konkurriert eine frisch gebackene Diplom-Pädagogin einer Nordrhein-Westfälischen Universität nicht mehr mit Absolventinnen und Absolventen aus anderen Bundesländern, sondern potenziell mit denen des gesamten europäischen bzw. weltweiten Hochschulraumes.[57]

57 Zu den politischen Zielen und realen Auswirkungen der Bologna-Reform gibt es eine ganze Reihe empirischer Forschungsprojekte, die wir hier leider nicht in der angemessenen Breite

Allein: Die Standardisierung krankt an den gleichen Problemen wie schon in der Schule. Nehmen wir bspw. das European Credit Transfer System (ECTS), dessen Aufgabe es ist, zeitlichen Aufwand eines Studiums festzulegen und zu normieren. Nicht nur werden unterschiedliche Zeitwerte für einen ECTS-Punkt angesetzt (mal 25, mal 30 Stunden); auch lassen sich nicht-technische Praktiken des Studierens nicht in ein lineares Zeitverständnis transformieren: ein fiktiver Student A kann für die Lektüre eines Textes 90 Minuten benötigen, während Studentin B dafür nur 30 Minuten braucht (vgl. auch Münch, 2010). Die Antwort des sich inzwischen etablierten Systems erfolgt immanent: Es werden mehr Daten und Kontrollmechanismen benötigt, um Ergebnisgerechtigkeit zu schaffen. Die von den Kritikern genannte Verschulung und Verdatung des Studiums zeitigt möglicherweise aber Effekte und Nebenwirkungen, die ihrem Ziel nur bedingt dienlich sind. Besonders in Zeiten voranschreitender Digitalisierung und *Big Data* wittert die (Hochschul-)Politik analog zu den Schulen Handlungsfreiräume und Möglichkeiten zur Profilierung.

Maximilian Waldmann und Katharina Walgenbach (2020) haben dieses Zusammenwirken von Digitalisierung und der Regierung und Kontrolle durch Daten am Beispiel von Online-Dashboards genauer untersucht. Diese sind „so etwas wie digitale Armaturenbretter, mit denen Studierende ihr Verhalten auf Basis von personalisierten Lerndaten überwachen, steuern und managen sollen" (ebd., S. 358). Wir sehen bereits an der Wortwahl, dass hier eine Perspektive anliegt, die den gouvernementalitätstheoretischen Erwägungen Foucaults und Bröcklings folgt. Waldmann und Walgenbach fragen demnach nach der Art und Weise, wie Dashboards Studierende in ein spezifisches Regierungsverhältnis zu sich selbst setzen (vgl. Abschnitt 2.3).

Sie berichten davon, dass bereits seit 2007 Systeme existieren, die in Form einer Ampel Studierenden Auskunft geben darüber, ob Sie sich mit ihrem Studierverhalten im Soll verhalten oder ob Bedarf zur Nachsteuerung vorliegt. Es sind nicht mehr Dozentinnen und Dozenten, die die Leistung ihrer Studiosi bewerten, sondern Algorithmen; zugleich wird das Handlungsmoment der Überwachung an Studierende selbst überantwortet. Nicht nur müssen Sie ihren studentischen Aufgaben gewissenhaft nachkommen, sie sind nunmehr auch in der Pflicht, ihre eigenen Leistungen permanent zu reflektieren und auf den (automatisierten) Prüfstand zu stellen. Zugleich verändert sich das soziale Gefüge, weil nicht mehr nur einzelne und individuelle Leistungen beurteilt werden, sondern diese auch immer im Verhältnis zu den Kommilitonen. Im Zuge voranschreiten-

und Tiefe problematisieren können. Es sei aber darauf hingewiesen, dass es mit dem Feld der Hochschulforschung eine gesamte Subdisziplin gibt, die sich mit diesen und anderen Fragen rund um den tertiären Bildungsbereich beschäftigt. Nennenswerte Forschungseinrichtungen in Deutschland sind das INCHER in Kassel und das HIS in Hannover, neben zahlreichen universitären Lehrstühlen und Abteilungen.

der Digitalisierungsprozesse wird so eine Regierung eingesetzt, die in Form unmittelbarer Feedback-Schleifen es erlaubt, „Studierende in *actu* flexibel zu adressieren bzw. verhaltensmoderierend auf sie einzuwirken“ (ebd., S. 363; Hervorhebung im Orig.).

Produktiv tätig im Sinne der Machttheorie Foucaults wird diese Regierung dann in ihrer präventiven Funktion: Unter Zuhilfenahme ausgeklügelter Algorithmen und Vergleichsdaten sollen rechtzeitig, d. h. bevor es die Betroffenen selbst wissen, Maßnahmen getroffen werden, die ein ‚Abrutschen‘ der Performance verhindern. Am Beispiel eines in Südengland real existierenden und verwendeten Früherkennungssystems namens *Automated Wellness Engine* (AWE) sind das telefonische oder Vor-Ort-Sprechstunden, sobald ein bestimmter Wert unterschritten wird, der sich aus der individuellen „bisherige[n] Studienhistorie, digitale[n] Bewegungsmuster[n], wie Klickhäufigkeiten, genutzte[n] Lernpfade[n] oder Online-Zeiten auf dem LMS [Learning Management System, z. B. Moodle; MFB]“ (ebd., S. 364) ableiten lassen. Walgenbach und Waldmann weisen darauf hin, dass hier ein typisches Rationalitätsschema überwachender Regierung zum Tragen kommt; denken Sie an die Konstruktion der Unterscheidung von Gesundheit und Krankheit bei Foucault.

In den Dashboards lässt sich demnach ein digitales bzw. „aperspektivisches Panoptikum“ (ebd., S. 366) ausmachen, das Studierende sich dauerhaft überwacht fühlen und ihnen die Praktiken der Verdatung, der Kontrolle und des dauerhaften Vergleichs als ‚normal‘ erscheinen lässt. Es findet demnach nicht nur eine Optimierung des Studierverhaltens statt, sondern auch die Subjektivierung unter Prinzipien des andauernden Wettbewerbs. Mit anderen Worten: das Studium wird, sollten sich diese Dashboards durchsetzen, transformiert von einer Phase der Selbstfindung und Bildung zu einem Inkubator, nicht nur für das zukünftige Arbeitsleben, sondern auch für die gesamte Gesellschaft.

3.4 Die Ökonomisierung der Erwachsenenbildung / Weiterbildung

Die Hamburger Erziehungswissenschaftlerin Sabine Schmidt-Lauff hat 2010 einen Beitrag vorgelegt, der anmahnt, „die substanzielle Bedeutung von Zeit in ihren emotionalen, konfligierenden Momenten für das Lernen zu betrachten“ (Schmidt-Lauff, 2010, S. 355). Ihre Hauptthese lautet, dass ein ökonomischer Umgang mit Zeit in der Arbeitswelt in einem Spannungsverhältnis zur Freizeit steht, ersterer aber auf zweitgenannte einwirkt. Das heißt, dass eine generelle Akzeptanz des Konzeptes des Lebenslangen Lernens (LLL) und dessen Argumentation vorliegt. Diese lautet: man benötigt lebenslanges Lernen, um auch in der Zukunft mündig bleiben zu können. Diese Akzeptanz des Konzeptes sorgt dann für eine „Entgrenzung von Lernzeiten über die Lebensspanne“ (ebd., S. 356), was entweder eine Chance für die Entzerrung von Bildungsdruck bedeuten kann oder aber das Risiko der „Ausdehnung, Verdichtung, Mehrfachbelastung durch Bildungsansprüche“ (ebd.) mit sich bringt. Letztere sind bspw. die Verlagerung von Fort- und Weiterbildungszeiten in die Freizeit.

Ein Grund für die Ökonomisierung der Lernzeit im Bereich der EB/WB liegt darin, dass große Teile dieser nicht staatlich finanziert sind, sondern unter dem Einfluss der Privatwirtschaft bestehen, demnach also auch deren Handlungslogiken und Anforderungen übernehmen. Bereits vor zehn Jahren war der Anteil der Investition privater Ressourcen für betriebliche Belange erstaunlich groß: „jeder Zweite wendet hochgerechnet auf ein gesamtes Jahr für ‚Selbstlernaktivitäten‘ bereits 41 Stunden und mehr aus privater Zeit auf; jeder Sechste sogar mehr als 161 Stunden“ (ebd., S. 359). Die Gründe für eine Akzeptanz dieses Opfers der eigenen Freizeit sind unterschiedlich: Es sind die eigene Bedeutungszuschreibung der Maßnahme ebenso wie die Erfüllung betrieblicher Erwartungen. Beide Anteile sind nicht immer voneinander zu trennen, sodass wir festhalten können, „dass Lernzeiten und Arbeitszeiten als nur noch schwer voneinander abgrenzbar wahrgenommen werden“ (ebd.).

Die Ursache dafür sieht Schmidt-Lauff in der allgemeinen gesellschaftlichen Tendenz einer Versöhnung von Pädagogik und Ökonomie. Wie bei Bröckling beschrieben, akzeptieren Arbeitnehmerinnen und Arbeitnehmer den „gesellschaftlichen Imperativ des Wandels, des Fortschritts und der permanenten Flexibilität“ (ebd.) und reagieren wie beschrieben darauf. Dabei hat die Gleichsetzung eines ökonomischen Zeitverständnisses mit einem pädagogischen klare Grenzen: Man kann Lernen und Bildung nicht in abgegrenzten und abgrenzbaren Einheiten fassen. Ein ‚guter‘ Arbeitsprozess kann durchaus dann vorliegen, wenn er schnell erledigt wurde, ein guter Gedanke, eine Lernerfahrung oder ein erfolgreicher Bildungsprozess lässt sich weder zeitlich fassen noch auf Zuruf herstellen oder gar beschleunigen und optimieren. Dieser Widerspruch zeigt sich auch in der EB/WB, unter anderem dann, wenn Teilnehmerinnen und Teilnehmer von Fort- und Weiterbildungsmaßnahmen Unbehagen empfinden, Lernwiderstände entwickeln oder gegen die Einteilung, Messung und Evaluation des eigenen Lernens opponieren (vgl. ebd., S. 360f). *Bildung* im pädagogischen Sinne zeigt sich dann als unvereinbar mit einem betrieblich angeordneten Lernauftrag, der keine Rücksicht nimmt auf Momente der Verzögerung, des Innehaltens und der Umwege.[58]

58 In der Erziehungswissenschaft gilt demgegenüber häufig die Position der Einzigartigkeit der Zeitstrukturen, der Unverfügbarkeit bzw. Entzogenheit des Lernens und der Bildung als Spezifikum einer pädagogischen Praxis, also der eingangs erwähnten *Pädagogizität*. Die Unterbrechung des Gewohnten, die negative Erfahrung (wie es schon bei Hegel und später bei Günther Buck heißt) ist dann der Ausgangspunkt für Bildungsprozesse (bildungstheoretisch skizziert bei Dörpinghaus, 2015). Allein: man kann diese negativen Erfahrungen, diesen Bruch mit dem Gewohnten nur sehr bedingt herstellen, wohl aber pädagogisch nutzen (vgl. Rödel, 2018).

Auch der Hallenser Erziehungswissenschaftler Daniel Wrana (2016) hat unter Einnahme der Foucault'schen Machtperspektive den Zusammenhang von Ökonomisierung und Pädagogisierung analysiert. Seine Hauptthese lautet:

> „Das Pädagogische und das Ökonomische [sind] nicht als Gegensatzpaar zu verstehen, sondern als zwei Seiten eines Durchsetzungsprozesses, als zwei Momente einer Etablierung von Praktiken der Regierung von Subjektivität." (Wrana, 2016, S. 2)

Die Gemeinsamkeit liegt in der Anerkennung der Bildung (im Erwachsenenalter) als adäquates Mittel, aus Sicht der Betroffenen für die Erlangung von Freiheit im liberalen Sozialstaat, aus Sicht der Arbeitgeber für die Mobilität, Flexibilität usw., die für die Erfüllung der jeweiligen Rolle im wirtschaftlichen System notwendig sind. Die Regierung und Subjektivierung erfolgt im Sinne Foucaults mit minimalen Lenkungsbewegungen, sodass den Subjekten zu jeder Zeit das Gefühl der (Wahl-)Freiheit bleibt. Mit der sog. ‚Bildungskatastrophe' der 1950er Jahre und dem daraus entstandenen Bildungsrat hat sich die beschriebene Verflechtung zwischen Wirtschaft und dem quartären Bildungsbereich verfestigt und institutionalisiert (vgl. ebd., S. 7f).

In den 1990er Jahren ändert sich das, weil sich das Narrativ des Neoliberalismus auch im deutschen Diskurs durchgesetzt hat. Zwar wurde erkannt, dass große Investitionen in Bildung nötig seien, aber die Zielerreichung wäre dann gegeben, wenn die Individuen maximale Freiheit in ihren Bildungsinvestitionen hätten. Diese „kopernikanische Wende im pädagogischen Mitteleinsatz" besteht im Konzept des „informellen, selbstgesteuerten Lernen[s]" (ebd., S. 8). Damit findet nicht nur eine finanzielle Umsteuerung des Fort- und Weiterbildungsbereiches statt, sondern zugleich eine Unterwerfung der Individuen unter Imperative „permanenter Flexibilität" und „pädagogischer Formung" (ebd.). Die pädagogische Verwicklung und Mittäterschaft sieht Wrana in der Akzeptanz einer bestimmten Form, nämlich der *Selbstoptimierung* durch die unkritische Übernahme der *Humankapital*- wie auch der *Metakognitionstheorie*. Die erste kennen wir bereits in Ansätzen, die zweite besagt, dass Individuen eine ständige Überprüfung ihrer Denk- und Lernstrategien vornehmen können und müssen, um ihren Lern-Output zu optimieren. Unter den Stichworten des ‚Lernen lernens' und der ‚Best practice' sind Sie bestimmt auch schon damit in Kontakt gekommen. Wir finden hier also eine Iteration des sog. Selbstorganisierten Lernens, wie wir es bereits in Abschnitt 3.2 und zuvor bei Bröckling beschrieben haben – ein Ideal der Selbststeuerung, eine umfängliche ökonomische Nutzung biografisch erworbener und reflexiv optimierter Kompetenzen.

Verkompliziert wird die Lage, weil in der freien Wirtschaft im besonderen Maße nicht nur das Konkurrenzverhältnis untereinander, sondern auch mit anderen Ländern als Regierungsinstrument in Anschlag gebracht wird. Selbst wenn es unwahrscheinlich ist, dass der eigene Arbeitsplatz in Zukunft durch eine Mitbewerberin oder einen Mitbewerber aus Portugal, Ungarn, Dschibuti oder Myanmar besetzt wird – die Drohkulisse reicht, um die Arbeiterschaft in Bewegung und Unruhe zu halten (vgl. ebd., S. 11).

Die Verflechtungen zwischen Ökonomisierung und Pädagogisierung sind laut Wrana in der EB/WB weit fortgeschritten. Ein Zurück kann es wegen der voranschreitenden Ökonomisierung aller Lebensbereiche nicht geben, also bleibt uns als einziges Mittel die Hinterfragung der „Ökonomie der Ökonomie" (ebd., S. 13), also der ökonomischen *Steigerungslogik*. Die Pädagogik kann als Korrektiv wirken, wenn sie die vermeintliche Regierung zum Wohle aller kritisiert und im Rahmen ihrer Möglichkeiten opponiert und gestaltet.

3.5 Die Ökonomisierung der Sozialpädagogik

Auch im Bereich der Sozialpädagogik werden Tendenzen der Ökonomisierung beschrieben und kritisiert. Die an der Ostfalia-Universität in Wolfenbüttel tätige Professorin Andrea Tabatt-Hirschfeldt (2018) nennt Veränderungen auf Mikro-, Meso- und Makroebene und skizziert zwei Formen im Umgang mit Ökonomisierung als möglichen Ausweg für die Sozialpädagogik und Soziale Arbeit.

Die auf der Makro-Ebene beschriebenen Veränderungen betreffen den Umbau des Sozialstaates zum sogenannten aktivierenden Staat, der in der Folge Leistungsempfänger (von Geld- wie Sachleistungen) unterteilt in solche, die leistungsfähig sind und dem Staat sogleich ihre Arbeitskraft schulden, und solche, die es nicht sind. Hiermit wird eine Abkehr vom Solidaritätsprinzip markiert, auch sprachlich: *Adressaten* werden zu *Kunden* (vgl. ebd., S. 90). Der staatliche Paradigmenwechsel des Forderns und Förderns erfolgt jedoch ungleich: Die Forderung (Bereitstellung von Arbeitskraft) wird stärker überwacht und sanktioniert als die Förderung. Der Ort möglicher sozialpädagogischer Intervention ist so potenziell schlechter gestellt. Auf der Meso-Ebene sind es die Träger sozialpädagogischer Einrichtungen, die nicht mehr einfach im staatlichen Auftrag handeln, sondern sich um diese Aufträge auf einem Markt bewerben und gegen andere durchsetzen müssen. Deren Leistungserbringung wird nicht mehr erwartet (im doppelten Sinne), sondern nunmehr „auf der Basis von Entgeltvereinbarungen, Leistungs- und Qualitätsverträgen sowie strategischer Controllingsysteme" (ebd., S. 93) überwacht und evaluiert. Der Effekt der Konkurrenz sorgt dann nicht für ein besseres Preis-Leistungs-Verhältnis (wie es der Kapitalismus verspricht), sondern nur für sinkende Preise und Margen – einerseits, weil die Qualität sozialer Praktiken schwer messbar ist und andererseits, weil mehr privatwirtschaftliche Träger in den Markt drängen, denen ggf. die bisher etablierten „sozialethischen, advokatorischen und zivilgesellschaftlichen Ziele" (ebd., S. 94) fehlen, wie sie noch bei Kommunalverbänden, kirchlichen, gewerkschaftlichen und ähnlichen Verbänden dem Anspruch nach existieren. Auf der

Mikroebene sind es dann Veränderungen im Handeln der Sozialpädagoginnen und -pädagogen, die sichtbar werden: Es kommt zu „Standardisierung" und „Bürokratisierung der Sozialen Arbeit" (ebd., S. 95), einer erhöhten Dokumentationspflicht (wie in vielen anderen pädagogischen Bereichen auch) und somit zu einem Mangel an Zeit an der Klientin oder am Klienten. Der ökonomische Zwang führt so häufiger zu Konflikten mit dem eigenen Berufsethos, das u. U. nur noch schwer und in Einzelfällen gar nicht mehr im Handeln realisiert wird.

In der Folge verändert sich das Feld der Sozialpädagogik tiefgreifend: Bisherige Träger sind nicht mehr Universaldienstleister, die bspw. in einem Landkreis gleichzeitig Kindertagesstätten, Tagespflegeeinrichtungen und Wohngruppen betreiben. Sie müssen sich durch die Konkurrenzverhältnisse den regionalen und lokalen Gegebenheiten flexibel anpassen, Netzwerke bilden und einzelne Geschäftsbereiche in gGmbHs ausgliedern. Für das Personal bedeutet das eine Lohnabsenkung (weil seltener Bindungen an Tarife des öffentlichen Dienstes bestehen), prekäre Beschäftigungen und ‚Zukäufe' von Personal aus dem Ausland und über Personaldienstleister. Die Finanzierung von Trägern sozialer Einrichtungen wird nicht mehr auf Jahre planbar, weil die Ausschreibungsrhythmen die Praxis der Sozialen Arbeit wie Projekte behandelt. Zugleich führt das zu einer *Deprofessionalisierung* der Zunft, da die Arbeit an der Klientin oder am Klienten und ihre Verwaltung nicht mehr ‚aus einer Hand' sich vollzieht, sondern alle Tätigkeiten ausgegliedert werden, die keine besondere Qualifikation erfordern. Gleichzeitig wird, wo es möglich ist, mehr und mehr auf ehrenamtliches Personal gesetzt, das qua Definition nicht so qualifiziert und professionell handeln kann wie ausgebildete Sozialpädagoginnen und -pädagogen (vgl. ebd., S. 97ff).

Wie kann die Soziale Arbeit, wie kann die Sozialpädagogik nun mit dieser komplexen Situation umgehen? Zwei Strategien nennt Tabatt-Hirschfeldt: die Arbeit *im* System und die Arbeit *am* System. Erstere beschreibt die Affirmation und Umdeutung der sich etablierten Denk- und Handlungsmuster: statt gegen Evaluation und Leistungsdruck zu opponieren, sollte man die Qualitätskriterien guter Sozialpädagogik mitbestimmen und zugleich „social marketing" (ebd., S. 103) betreiben, um die Öffentlichkeit auf seine Seite zu holen. Am System zu arbeiten, bedeutet dann Lobbyarbeit, um die Voraussetzungen voranschreitender Ökonomisierung in den Griff zu bekommen. Dies setzt einen entsprechenden Akteur voraus, den es zwar noch nicht gibt, den Tabatt-Hirschfeld aber im Zusammenschluss von Akteuren der Sozialer Arbeit und des Sozialmanagements hoffnungsvoll vermutet. Diese Re-Politisierung der Sozialpädagogik müsse auch auf Mikro-Ebene geschehen, denn viele Beschäftigte seien in einem Status der „Passivität" (ebd., S. 104). Eine produktive Rolle darin kann die Wissenschaft spielen, die bereits in der Ausbildung auf die gesellschaftlichen Rahmenbedingungen pädagogischen Handelns hinweist (vgl. ebd., S. 105ff).

Der Wuppertaler Sozialpädagogik-Professor Fabian Kessl beschreibt in einem weiteren Beitrag Veränderungen der Kinder- und Jugendhilfe (Kessl, 2018). Er geht sowohl auf die organisationalen Veränderungen ein – die wir mit Tabatt-Hirschfeld schon größtenteils eingeholt haben –, kontextualisiert diese aber vor dem Hintergrund eines sich verändernden Diskurses über Ökonomisierung. Kessl kritisiert die Eindimensionalität, auf die Ökonomisierung reduziert wird, sprich unter direktem Bezug auf Bröckling von einer „Neuprogrammierung gesellschaftlicher Denkweisen" und „veränderte[n] Macht- und Herrschaftsverhältnissen" (ebd., S. 1635). Dabei geht es nicht nur um eine warenförmige Transformation sozialer Dienstleistungen, sondern um die „Durchsetzung eines spezifischen Menschentypus" (ebd.). Allerdings gibt es Alternativen zur sich alternativlos gerierenden Ökonomisierung. Er spricht dort u. a. von subversiven Praktiken oder der Umgehung von Vorgaben „auf dem kleinen Dienstweg" (ebd., S. 1637). Im Sinne einer differenzierten Betrachtung stellt Kessel fest: der Staat wird nicht schwächer, er verändert nur seine Aufgabe; er wird vielmehr zum Kontrolleur von Evaluationskriterien und steuert nach. So kam es durchaus zu einer Abkehr von Kontroll- und Dokumentationssystemen sowie einer „Rekommunalisierung öffentlicher Dienstleistungen" (ebd., S. 1638) im Falle eines Übergriffs von Fachkräften auf Kinder.

Es besteht demnach Hoffnung auf Umkehr und Nachsteuerung, jedoch im große Stil erst dann, wenn die Kinder- und Jugendhilfe sich von ihrer Rolle der „Mittäterschaft" (ebd.) emanzipiert und sich aktiv gegen die „Einführung und Etablierung von Benchmarking-Systemen" (ebd.) wehrt. Ökonomisierung kann nämlich auch bedeuten, dass Folgekosten eines Wegfalls sozialpädagogischer Dienstleistungen als Teil der Gesamtkostenrechnung erscheinen, sodass auch von der Ökonomisierung betroffene Bereiche (wie quasi alle Berufsfelder der Pädagogik) dazu angehalten sind, anders über Ökonomisierung zu denken als bisher. Sie wird, das ist die pessimistische Deutung der gegenwärtigen Situation, nicht mehr verschwinden. Es könne Kessl zufolge demnach nurmehr darum gehen, sich nicht als „Agentin des aktivierenden Staates" (ebd., S. 1640) zu verstehen, sondern aktiv Widerstand zu leisten: in der Verweigerung von Anrufungen, im subversiven Unterlaufen und dem Verweigern organisationaler Vorgaben. Das ist innerhalb der Profession schwierig (wobei Kessl positive Tendenzen ausmacht), mit Blick auf die politisch-ökonomische und diskursiv-kulturelle Dimensionen ungleich schwerer, weil diese außerhalb der Pädagogik liegen und vielmehr eines „politischen und kulturellen Paradigmenwechsel[s]" (ebd., S. 1641) bedürfen. Aus einer wissenschaftlichen Perspektive ist ein solcher Rückbezug auf ausschließlich politische Analysen und Handlungsempfehlungen nicht hinreichend. Vielmehr sei es Aufgabe der Wissenschaft ein Verstehen der gegenwärtigen und historischen Prozesse zu ermöglichen. Die Beschau dessen, was uns im Alltag begegnet, ist gemeinhin unter dem Begriff der *Theorie* gefasst.

Eine sehr viel detaillierte Analyse der „Gouvernementalität Sozialer Arbeit" liefert Fabian Kessl in seiner Monografie *Der Gebrauch der eigenen Kräfte* (Kessl, 2020). Man kann mit ihm, aber auch mit allen anderen Referenzautorinnen und -autoren eine Forderung aufstellen, die vor der Lektüre und Bearbeitung dieser Einführung paradox erschien: Nicht weniger Ökonomisierung, sondern mehr *ökonomische Bildung* muss die pädagogische Reaktion auf die laufenden Transformationsprozesse sein. Einen Anfang dazu haben Sie, wenn Sie diese Zeilen lesen, erfolgreich gemacht.

Fragen zur Reflexion des Abschnitts 3 sowie der gesamten Einführung

1. Stellt eine kritische Perspektive auf mehr Bildung in der Elementarpädagogik einen paternalistischen Eingriff in die Autonomie von Kindern dar? Was spricht dafür, was spricht dagegen?
2. Wie würden Sie die Kinderuniversität mit Hilfe einer der Ihnen bekannten Theorien beschreiben?
3. Bedeutet eine Standardisierung von Schule und Unterricht automatisch ihre Überführung in (Quasi-)Märkte?
4. Was spricht pädagogisch und ökonomisch für und gegen die Idee einer höheren Schulautonomie?
5. Ist die Kritik an der Bologna-Reform nicht nur eine, die nur auf die Ungereimtheiten der Umstellung zielt? Wird ‚Bologna' mit der Zeit besser?
6. Sind Dashboards aus pädagogischer Sicht nicht auch als Hilfeinstrument zu begrüßen?
7. Unterscheiden sich das Lernen Erwachsener und Nicht-Erwachsener mit Bezug auf Zeit? Wenn ja, inwiefern?
8. Sind Tendenzen der Ökonomisierung in der EB/WB weniger drastisch als in anderen pädagogischen Bereichen, weil Erwachsene betroffen sind?
9. Ist die Sozialpädagogik in besonderer Weise für Konkurrenzverhältnisse geeignet? Warum oder warum nicht?
10. Wie plausibel erscheint Ihnen das Menschenbild des homo oeconomicus? Gibt es (pädagogische) Bereiche, in denen wir nicht (immer) rational handeln?
11. Ist es Aufgabe der Pädagogik oder der Politik, die Verteilung von Kapital zu ordnen?

Literaturverzeichnis

Hinweis: Hier finden Sie die gesamte in der Einführung referierte Literatur. Einige Einträge sind fett gedruckt. Bei diesen handelt es sich um besondere Empfehlungen zum weiteren Studium – entweder als Einführung in Theorien oder zur Vertiefung des hier Behandelten. Sämtliche Verweise auf zusätzliche oder ausschließliche Internetquellen sind entweder eindeutige und dauerhafte Bezeichner (DOIs oder URNs) oder im Internet Archive (www.archive.org) dauerhaft gespiegelt.

Adorno, Theodor W. (1959): Theorie der Halbbildung. In: Alexander Busch (Hrsg.): *Soziologie und moderne Gesellschaft: Verhandlungen des 14. Deutschen Soziologentages vom 20. bis 24. Mai 1959 in Berlin*. Stuttgart: Enke. S. 169–191. https://nbn-resolving.org/urn:nbn:de:0168-ssoar-160841.

Barlösius, Eva (2011): ***Pierre Bourdieu*****. 2. Aufl. Frankfurt a. M./New York: Campus.**

Baumgart, Franzjörg (Hrsg.) (2007): Erziehungs- und Bildungstheorien. 3. Aufl. Bad Heilbrunn: Klinkhardt.

Becker, Gary S. (1994): *Human Capital. A Theoretical and Empirical Analysis, with Special Reference to Education*. 3. Aufl. Chicago, IL: University of Chicago Press.

Becker, Rolf (2009): Bildungssoziologie – Was sie ist, was sie will, was sie kann. In: ders. (Hrsg.): *Lehrbuch der Bildungssoziologie*. Wiesbaden: VS Verlag für Sozialwissenschaften. S. 9–34. https://doi.org/10.1007/978-3-531-91711-5_1.

Bellmann, Johannes (2001a): *Knappheit als Bildungsproblem. Die Konstruktion des Ökonomischen im Diskurs allgemeiner Pädagogik*. Weinheim: DSV.

Bellmann, Johannes (2001b): Zur Selektivität des pädagogischen Blicks auf Ökonomie. In: *Vierteljahresschrift für wissenschaftliche Pädagogik* 77(4), S. 386–408.

Bellmann, Johannes & Müller, Thomas (2011): ***Wissen, was wirkt. Kritik evidenzbasierter Pädagogik*****. Wiesbaden: Springer VS. https://doi.org/10.1007/978-3-531-93296-5.**

Benner, Dietrich (2015). *Allgemeine Pädagogik. Eine systematisch-problemgeschichtliche Einführung in die Grundstruktur pädagogischen Denkens und Handelns*. 8. Aufl. Weinheim/Basel: Beltz Juventa.

Bernhard, Armin; Bierbaum, Harald; Borst, Eva & Eble, Lukas (Hrsg.) (2018): *Bildungsindustrie. Eingriffe und Perspektiven. Kritische Pädagogik* 5. Baltmannsweiler: Schneider Hohengehren.

Blossfeld, Hans-Peter & Timm, Andreas (1997): *Das Bildungssystem als Heiratsmarkt: eine Längsschnittanalyse der Wahl von Heiratspartnern im Lebenslauf*. Arbeitspapier/SFB 186. Bremen: Universität Bremen. https://nbn-resolving.org/urn:nbn:de:0168-ssoar-57497.

Böhmer, Anselm (2002): *Kosmologische Didaktik: Lernen und Lehren bei Eugen Fink*. Würzburg: Königshausen & Neumann.

Böttner, Miriam (2018): *Doing Junior Uni. Evidente und heimliche Ordnung einer Kinderuniversität*. Wiesbaden: Springer VS. https://doi.org/10.1007/978-3-658-22153-9.

Bongaerts, Gregor (2008): *Verdrängungen des Ökonomischen. Bourdieus Theorie der Moderne*. Bielefeld: transcript. https://doi.org/10.1515/9783839409343.

Borst, Eva (2016): ***Theorie der Bildung. Eine Einführung*****. 4. Aufl. Baltmannsweiler: Schneider Hohengehren.**

Borst, Eva & Casale, Rita (Hrsg.) (2007): *Ökonomien der Geschlechter. Jahrbuch Frauen- und Geschlechterforschung in der Erziehungswissenschaft* 3. Opladen: Budrich.

Bourdieu, Pierre (1998): Das ökonomische Feld. In: ders.: *Der Einzige und sein Eigenheim*. Hamburg: VSA. S. 162–204.

Bourdieu, Pierre (2000): *Das religiöse Feld. Texte zur Ökonomie des Heilsgeschehens*. Hrsg. von Stephan Egger und Franz Schultheis. Konstanz: UVK.

Bourdieu, Pierre (2003): *Die feinen Unterschiede. Kritik der gesellschaftlichen Urteilskraft*. Frankfurt a. M.: Suhrkamp.

Bourdieu, Pierre (2008): *Junggesellenball. Studien zum Niedergang der bäuerlichen Gesellschaft*. Konstanz: UVK.

Bourdieu, Pierre (2015a/1992): *Die feinen Unterschiede. In: ders.: Die verborgenen Mechanismen der Macht*. Hamburg: VSA. S. 31–47.

Bourdieu, Pierre (2015b/1992): *Ökonomisches Kapital – Kulturelles Kapital – Soziales Kapital. In: ders.: Die verborgenen Mechanismen der Macht*. Hamburg: VSA. S. 49–80.

Breidenstein, Georg (2006): *Teilnahme am Unterricht. Ethnographische Studien zum Schülerjob*. Wiesbaden: Springer VS. https://doi.org/10.1007/978-3-531-90308-8.

Brinkmann, Wilhelm (2008): Aufwachsen in Deutschland. Bausteine zu einer pädagogischen Theorie moderner Kindheit. Augsburg: Brigg.

Bröckling, Ulrich (2007): *Das unternehmerische Selbst. Soziologie einer Subjektivierungsform*. Frankfurt a. M.: Suhrkamp.

Buck, Marc Fabian (2015): Erziehung, Kompetenzorientierung und Social Engineering. In: Sabine Krause & Ines Maria Breinbauer (Hrsg.): *Im Raum der Gründe. Einsätze theoretischer Erziehungswissenschaft IV*. Würzburg: Königshausen & Neumann. S. 247–266.

Buck, Marc Fabian (2016): *Vorsicht Stufe! Zur Kritik von Entwicklungsmodellen des Menschen in der Pädagogik*. Diss. phil., HU Berlin. https://doi.org/10.18452/17436.

Bundesministerium für Bildung und Forschung (BMBF) (2016). *Bildungsoffensive für die digitale Wissensgesellschaft. Strategie des Bundesministeriums für Bildung und Forschung*. https://web.archive.org/web/20161012171505/https://www.bmbf.de/files/Bildungsoffensive_fuer_die_digitale_Wissensgesellschaft.pdf (Abbild der Webseite vom 12.10.2016).

Burghardt, Daniel & Zirfas, Jörg (Hrsg.) (2019): *Pädagogische Heterotopien. Von A bis Z*. Weinheim / Basel: Beltz Juventa.

Butler, Judith (2003): *Das Unbehagen der Geschlechter*. Frankfurt a. M.: Suhrkamp.

Caruso, Marcelo (2003): *Biopolitik im Klassenzimmer. Zur Ordnung der Führungspraktiken in Bayrischen Volksschulen* (1869–1918). Weinheim: Deutscher Studienverlag.

Chott, Peter (2020a): „Agile", „Scrum", „Kanban" auch in der Schulleitung?! (Teil 1). In: SchVwBY 1/2020, S. 28–31.

Chott, Peter (2020b): „Agile", „Scrum", „Kanban" auch in der Schulleitung?! (Teil 2). In: SchVwBY 2/2020, S. 49–51.

Damberger, Thomas & Iske, Stefan (2017): Quantified Self aus bildungstheoretischer Perspektive. In: Ralf Biermann & Dan Verständig (Hrsg.): *Das umkämpfte Netz. Medienbildung und Gesellschaft*, Bd. 35. S. 17–36. https://doi.org/10.1007/978-3-658-15011-2_2.

Deleuze, Gilles (1995/1992): *Foucault*. 2. Aufl. Frankfurt a. M.: Suhrkamp.

Deutsche Gesellschaft für Erziehungswissenschaft [DGfE] (2015): *DGfE hält Boykottempfehlung gegen das CHE-Ranking aufrecht. Stellungnahme vom 29. April 2015*. https://web.archive.org/web/20210329085807/https://www.dgfe.de/fileadmin/OrdnerRedakteure/Stellungnahmen/2015.04_CHE-Ranking.pdf (Abbild der Webseite vom 29.03.2021).

Deutscher Bundestag (2019): *Antwort der Bundesregierung auf die Kleine Anfrage der Abgeordneten Katja Suding, Nicola Beer, Dr. Jens Brandenburg (Rhein-Neckar), weiterer Abgeordneter und der Fraktion der FDP – Drucksache 19/7681 –. Bundesförderung für die Entwicklung von Schulclouds. Drucksache 19/8099*. https://web.archive.org/web/20201107223820/http://dip21.bundestag.de/dip21/btd/19/080/1908099.pdf (Abbild der Webseite vom 08.04.2021).

Diemand, Stefanie (2020): Wenn die Eltern nicht studiert haben. In: *FAZ* vom 28.09.2020. https://web.archive.org/web/20210314132348/https://www.faz.net/aktuell/wirtschaft/schneller-schlau/sozialer-aufstieg-wenn-die-eltern-nicht-studiert-haben-16960036.html (Abbild der Webseite vom 14.03.2021).

Dörpinghaus, Andreas (2015): Theorie der Bildung. Versuch einer „unzureichenden“ Grundlegung. In: *Zeitschrift für Pädagogik* 61(4), S. 464–480.
Eribon, Didier (1993): *Michel Foucault. Eine Biographie.* Frankfurt a. M.: Suhrkamp.
Eribon, Didier (2016): *Rückkehr nach Reims.* Berlin: Suhrkamp.
Fink, Eugen (1970): *Erziehungswissenschaft und Lebenslehre.* Freiburg i. Br.: Rombach.
Fink. Eugen (2018): *Existenz und Coexistenz.* Hrsg. von Annette Hilt. Freiburg i. Br.: Alber.
Förschler, Annina (2018): Das ‚Who is who?‘ der deutschen Bildungs-Digitalisierungsagenda – eine kritische Politiknetzwerk-Analyse. In: *Pädagogische Korrespondenz* 58(2), S. 31–52.
Forster, Edagar & Scherrer, Madeleine (2018): Die ökonomische Funktion der Zeit in erziehungswissenschaftlichen Diskursen. In: *Schweizerische Zeitschrift für Bildungswissenschaften* 40(3), S. 571–584.
Foucault, Michel (1973): *Wahnsinn und Gesellschaft.* 23. Aufl. Frankfurt a. M.: Suhrkamp.
Foucault, Michel (1981/1969): *Archäologie des Wissens.* 19. Aufl. Frankfurt a. M.: Suhrkamp.
Foucault, Michel (1993/1975): *Überwachen und Strafen.* 17. Aufl. Frankfurt a. M.: Suhrkamp.
Foucault, Michel (2005): *Analytik der Macht.* Frankfurt a. M.: Suhrkamp.
Foucault, Michel; Martin, Rux; Martin, Luther H.; Paden, William E.; Rothwell, Kenneth S.; Gutman, Huck und Hutton, Patrick H. (Hrsg.) (1993): *Technologien des Selbst.* Frankfurt a. M.: Fischer.
Frank, Georg (2003): Mentaler Kapitalismus. In: *Merkur* 645, S. 1–15.
Franck, Georg (2004/1998): *Ökonomie der Aufmerksamkeit. Ein Entwurf.* 8. Aufl. München: Hanser.
Franck, Georg (2005): *Mentaler Kapitalismus. Eine politische Ökonomie des Geistes.* München: Hanser.
Franck, Georg (2007): Jenseits von Geld und Information – Zur Ökonomie der Aufmerksamkeit. In: Manfred Piwinger & Ansgar Zerfaß (Hrsg.): *Handbuch Unternehmenskommunikation.* Wiesbaden: Gabler. https://doi.org/10.1007/978-3-8349-9164-5_7.
Frost, Ursula (Hrsg.) (2006): Unternehmen Bildung. Die Frankfurter Einsprüche und kontroverse Positionen zur aktuellen Bildungsreform. Sonderheft der Vierteljahrsschrift für wissenschaftliche Pädagogik. Paderborn: Schöningh. https://digi20.digitale-sammlungen.de/de/fs1/object/display/bsb00052122_00001.html?context=Essen&leftTab=PER_ent.
Fuchs, Hans-Werner (2008): Educational Governance und neue Steuerung: Grundsätze – Beispiele – Erwartungen. In: Roman Langer (Hrsg.): *‚Warum tun die das?‘ Governanceanalysen zum Steuerungshandeln in der Schulentwicklung.* Wiesbaden: VS Verlag für Sozialwissenschaften. S. 19–29. https://doi.org/10.1007/978-3-531-91024-6_2.
Fuchs, Eckhardt; Oelkers, Jürgen; Tröhler, Daniel und Horlacher, Rebekka (Hrsg.) (2016): Die Validität der Kritik einer zunehmenden Ökonomisierung der Pädagogik. In: *Bildungsgeschichte. International Journal for the Historiogrpahy of Education* 6(2). Bad Heilbrunn: Klinkhardt.
Gogolin, Ingrid & Rauschenbach, Thomas (2002): Editorial [zum Heft Ökonomisierung der Bildung]. In: *Zeitschrift für Erziehungswissenschaft* 5(2), S. 179–182.
Graupe, Silja (2018): Der manipulierbare Geist. Das Menschenbild hinter dem Change-Management – und wie man sich dagegen wehren kann. In: Jochen Krautz & Matthias Burchardt (Hrsg.): *Time for Change? Schule zwischen demokratischem Bildungsauftrag und manipulativer Steuerung.* München: Kopaed. S. 155–178.
Gruschka, Andreas (2002): *Didaktik. Das Kreuz mit der Vermittlung. Elf Einsprüche gegen den didaktischen Betrieb.* Wetzlar: Büchse der Pandora.
Gruschka, Andreas; Herrmann, Ulrich; Radtke, Frank-Olaf; Rauin, Udo; Ruhloff, Jörg; Rumpf, Horst & Winkler, Michael (2006): Das Bildungswesen ist kein Wirtschafts-Betrieb! Fünf Einsprüche gegen die technokratische Umsteuerung des Bildungswesens. In: Ursula Frost (Hrsg.): *Unternehmen Bildung. Die Frankfurter Einsprüche und kontroverse Positionen zur aktuellen Bildungsreform. Sonderheft der Vierteljahrsschrift für wissenschaftliche Pädagogik.* Paderborn: Schöningh. S. 12–15.
Hartong, Sigrid; Hermstein, Björn & Höhne, Thomas (Hrsg.) (2018): *Ökonomisierung von Schule? Bildungsreformen in nationaler und internationaler Perspektive.* Weinheim / Basel: Beltz Juventa.
Hastedt, Heiner (2012): *Was ist Bildung?* Eine Textanthologie. Stuttgart: Reclam.

Heitger, Marian (1999): Das Allgemeine der allgemeinen Pädagogik. In: *Vierteljahrsschrift für wissenschaftliche Pädagogik* 75(1), S. 1–11.

Helmke, Andreas (2017/2003): *Unterrichtsqualität und Lehrerprofessionalität. Diagnose, Evaluation und Verbesserung des Unterrichts*. 7. Aufl. Seelze: Klett / Kallmeyer.

Hergert, Stefani (2012): Angriff auf die Schulbuchverlage. In: *Handelsblatt*, 02.12.2012. https://web.archive.org/web/20210329145621/https://www.handelsblatt.com/unternehmen/handel-konsumgueter/digitaler-wandel-angriff-auf-die-schulbuchverlage/7443444-all.html?ticket=ST-1678286-coxdxOnQ6AIAsOS1riwr-ap6 (Abbild der Webseite vom 29.03.2021).

Höhne, Thomas (2012): Ökonomisierung von Bildung. In: Ullrich Bauer; Uwe H. Bittlingmayer & Albert Scherr (Hrsg.): *Handbuch Bildungs- und Erziehungssoziologie. Bildung und Gesellschaft*. Wiesbaden: VS Verlag für Sozialwissenschaften. S. 797–812. https://doi.org/10.1007/978-3-531-18944-4_47.

Höhne, Thomas (2015a): *Ökonomisierung und Bildung. Zu den Formen ökonomischer Rationalisierung im Feld der Bildung*. Wiesbaden: Springer VS. https://doi.org/10.1007/978-3-658-08974-0.

Höhne, Thomas (2015b): Stiftungen: Die neuen Player in der Bildungspolitik. In: *Dossier Bildung* der Bundeszentrale für politische Bildung (bpb). https://web.archive.org/web/20201121172019/https://www.bpb.de/gesellschaft/bildung/zukunft-bildung/199165/stiftungen (Abbild der Webseite vom 21.11.2020).

Höhne, Thomas (2020): Ökonomisierung im schulischen Feld. In: Petra Bollweg; Jennifer Buchna; Thomas Coelen & Hans-Uwe Otto (Hrsg.): *Handbuch Ganztagsbildung*. Wiesbaden: Springer VS. S. 1189–1204. https://doi.org/10.1007/978-3-658-23230-6_88.

Höhne, Thomas (2023): Ökonomisierung von Bildung. In: Ullrich Bauer; Uwe H. Bittlingmayer & Albert Scherr (Hrsg.): *Handbuch Bildungs- und Erziehungssoziologie*. Wiesbaden: Springer VS. S. 1051–1069. https://doi.org/10.1007/978-3-658-30903-9_58.

Höhne, Thomas; Karcher, Martin & Voß, Christin (2020): Wolkige Verheißungen. Die Schul-Cloud als Mittel der Technologisierung von Schule und Lernen. In: *Zeitschrift für Pädagogik* 66(3), S. 324–340.

Höhne, Thomas & Striebing, Clemens (Hrsg.) (2020): *Stiftungen im Schulwesen*. Weinheim / Basel: Beltz Juventa.

Hoffmann, Dittrich & Maak-Rheinländer, Kathrin (2001): *Ökonomisierung der Bildung. Die Pädagogik unter den Zwängen des Marktes*. Weinheim: Beltz.

Horkheimer, Max (1985): Begriff der Bildung (1952). In: ders.: *Gesammelte Schriften*. Bd. 8: Vorträge und Aufzeichnungen 1949–1973. Hrsg. von Gunzelin Schmid Noerr. Frankfurt a. M.: Fischer TB. S. 409–419.

Humboldt, Wilhelm von (1960/1793): Theorie der Bildung des Menschen. In: ders.: *Schriften zur Anthropologie und Geschichte. Werke in fünf Bänden*, Bd. I. Hrsg. von Andreas Flitner und Klaus Giel. Stuttgart: J. G. Cotta'sche Buchhandlung. S. 234–240.

Kade, Jochen (2017): Subjektivierungsformen und Subjektivierungspraktiken. Zur Ordnung des Pädagogischen diesseits und jenseits der Schule. In: Roland Reichenbach & Patrick Bühler (Hrsg.): *Fragmente zu einer pädagogischen Theorie der Schule. Erziehungswissenschaftliche Perspektiven auf eine Leerstelle*. Weinheim / Basel: Beltz Juventa. S. 126–151.

Kammler, Clemens; Paar, Rolf & Schneider, Ulrich Johannes (Hrsg.) (2014): *Foucault-Handbuch. Leben – Werk – Wirkung*. Stuttgart: Metzler. https://doi.org/10.1007/978-3-476-01378-1.

Kessl, Fabian (2018): Ökonomisierung. In: Karin Böllert (Hrsg.): *Kompendium Kinder- und Jugendhilfe*. Wiesbaden: Springer VS. S. 1629–1643. https://doi.org/10.1007/978-3-531-19096-9_79.

Kessl, Fabian (2020): *Der Gebrauch der eigenen Kräfte. Eine Gouvernementalität Sozialer Arbeit. Mit einem Nachwort zur Neuauflage*. 2. Aufl. Weinheim / Basel: Beltz Juventa.

Koinzer, Thomas & Leschinsky, Achim (2009): *Privatschulen in Deutschland*. In: *Zeitschrift für Pädagogik* 55(5), S. 669–685.

Koller, Hans-Christoph (2010): Grundzüge einer Theorie transformatorischer Bildungsprozesse. In: Andrea Liesner & Ingrid Lohmann (Hrsg.): *Gesellschaftliche Bedingungen von Bildung und Erziehung. Eine Einführung*. Stuttgart: Kohlhammer. S. 288–300.

Koller, Hans-Christoph (2011): *Bildung anders denken. Einführung in die Theorie transformatorischer Bildungsprozesse*. Stuttgart: Kohlhammer.

Koller, Hans-Christoph (2020): *Grundbegriffe, Theorien und Methoden der Erziehungswissenschaft. Eine Einführung*. 9. Aufl. Stuttgart: Kohlhammer.

Krüger, Heinz-Hermann & Olbertz, Jan-Hendrik (1997): *Bildung zwischen Staat und Markt*. Hauptdokumentationsband des 15. Kongresses der DGfE an der Martin-Luther-Universität Halle-Wittenberg. Wiesbaden: Springer VS. https://doi.org/10.1007/978-3-663-14403-8.

Künkler, Tobias (2011): *Lernen in Beziehung. Zum Verhältnis von Subjektivität und Relationalität in Lernprozessen*. Bielefeld: transcript.

Kuhlmann, Nele & Sotzek, Julia (2018): Situierte (Geschichte der) Subjektivierung im Unterricht. Ein Gespräch zwischen adressierungsanalytischer und dokumentarischer Interpretation. In: Alexander Geimer; Steffen Amling & Saša Bosančić (Hrsg.): *Subjekt und Subjektivierung. Empirische und theoretische Perspektiven auf Subjektivierungsprozesse*. Wiesbaden: Springer VS. S. 113–142. https://doi.org/10.1007/978-3-658-22313-7_6.

Liesner, Andrea (2011): Wie privat ist privat? Zur öffentlichen Unterstützung privater Bildungsanbieter. In: *Die Deutsche Schule* 103(2), S. 158–169. https://doi.org/10.25656/01:25692.

Liessmann, Konrad Paul (2006): *Theorie der Unbildung. Die Irrtümer der Wissensgesellschaft*. Wien: Zsolnay.

Linden, Tanya (2018): Scrum-Based Learning Environment: Fostering Self-Regulated Learning. In: *Journal of Information Systems Education* 29(2), S. 65–74.

Lohmann, Ingrid (2010): Schule im Prozess der Ökonomisierung. In: Andrea Liesner & Ingrid Lohmann (Hrsg.): *Gesellschaftliche Bedingungen von Bildung und Erziehung. Eine Einführung*. Stuttgart: Kohlhammer. S. 231–244.

Lohmann, Ingrid & Rilling, Rainer (Hrsg.) (2002): *Die verkaufte Bildung. Kritik und Kontroversen zur Kommerzialisierung von Schule, Weiterbildung, Erziehung und Wissenschaft*. Opladen: Leske + Budrich.

Luhmann, Niklas (1987): *Soziale Systeme. Grundriß einer allgemeinen Theorie*. Frankfurt a. M.: Suhrkamp.

Maurer, Susanne & Weber, Susanne Maria (2006): *Die Kunst, nicht dermaßen regiert zu werden. Gouvernementalität als Perspektive für die Erziehungswissenschaft. In: dies. (Hrsg.): Gouvernementalität und Erziehungswissenschaft. Wissen – Macht – Transformation*. Wiesbaden: Springer VS. S. 9–33. https://doi.org/10.1007/978-3-531-90194-7_1.

Mayer, Tanja; Geist, Viktor; Pohl, Vera; Schwarz, Judith & Koinzer, Thomas (2020): A parental school choice misery: Middle class parents' dilemma in choosing a primary school in Berlin's multiethnic neighborhoods. In: *Journal of Pedagogy* 11(1), S. 35–57. https://doi.org/10.2478/jped-2020-0003.

Mierendorff, Johanna (2019): Ökonomisierung des Elementarbereichs oder: Das Ökonomische und der Elementarbereich. In: Katharina Walgenbach (Hrsg.): *Bildung und Gesellschaft im 21. Jahrhundert. Zur neoliberalen Neuordnung von Staat, Ökonomie und Privatsphäre*. Frankfurt a. M.: Campus. S. 143–162.

Mierendorff, Johanna; Grunau, Thomas & Höhne, Thomas (Hrsg.) (2022): *Der Elementarbereich im Wandel. Prozesse der Ökonomisierung des Frühpädagogischen*. Weinheim / Basel: Beltz Juventa.

Mittelbach, Tom (Hrsg.) (2020): *Scrum in die Schule! Zeit für mehr Agilität im Unterricht*. Karlsruhe: Visual Ink Publishing.

Müller, Hans-Peter (2014): *Pierre Bourdieu – Eine systematische Einführung*. Berlin: Suhrkamp.

Münch, Richard (2010): *Bologna oder die Kapitalisierung der Bildung. In: Blätter für deutsche und internationale Politik*, 1/2010, S. 47–54.

Münch, Richard (2018): *Der bildungsindustrielle Komplex. Schule und Unterricht im Wettbewerbsstaat.* Weinheim / Basel: Beltz Juventa.
Neubauer, Georg; Fromme, Johannes & Engelbert, Angelika (Hrsg.) (2002): *Ökonomisierung der Kindheit. Sozialpolitische Entwicklungen und ihre Folgen. Kindheitsforschung*, Bd. 15. Wiesbaden: Springer VS. https://doi.org/10.1007/978-3-663-10944-0.
Oelkers, Jürgen (1997): Die Aufgaben der Schule. In: Wolfgang Böttcher; Horst Weishaupt & Manfred Weiß (Hrsg.): *Wege zu einer neuen Bildungsökonomie. Pädagogik und Ökonomie auf der Suche nach Ressourcen und Finanzierungskonzepten*. Weinheim / München: Juventa. S. 142–160.
Polanyi, Karl (1973/1944): *The Great Transformation. Politische und ökonomische Ursprünge von Gesellschaften und Wirtschaftssystemen*. Frankfurt a. M.: Suhrkamp.
Pongratz, Ludwig (2000): Ökonomisierung der Bildung. Eine Packungsbeilage zu Risiken und Nebenwirkungen. In: Rainer Funk (Hrsg.): *Erich Fromm heute. Zur Aktualität seines Denkens*. München: DTV. S. 121–137.
Postman, Neil (1995/1983): *Das Verschwinden der Kindheit*. Frankfurt a. M.: Fischer TB.
Pötzsch, Holger & Buck, Marc Fabian (2023): Digitalisierung, Daten, Eigentum: Bildung im digitalen Kapitalismus. In: Selma Güney; Lina Hille; Juliane Pfeiffer; Laura Porak & Hendrik Theine (Hrsg.): *Eigentum, Medien, Öffentlichkeit*. Frankfurt a. M.: Westend. S. 387–408. https://doi.org/10.53291/OFDA5558.
Prange, Klaus (2000): *Plädoyer für Erziehung*. Baltmannsweiler: Schneider Hohengehren.
Prange, Klaus (2005): *Die Zeigestruktur der Erziehung. Grundriss der operativen Pädagogik*. 2. Aufl. Paderborn: Schöningh.
Ravitch, Diane (2010): *The Death and Life of the Great American School System*. New York: Basic Books.
Reh, Sabine; Berdelmann, Kathrin & Dinkelaker, Jörg (Hrsg.) (2015): *Aufmerksamkeit. Geschichte – Theorie – Empirie*. Wiesbaden: Springer VS. https://doi.org/10.1007/978-3-531-19381-6.
Rehbein, Boike (2016): *Die Soziologie Pierre Bourdieus*. 3. Aufl. Konstanz / München: UVK.
Rehbein, Boike & Saalmann, Gernot (2014a): Feld (champ). In: Gerhard Fröhlich & Boike Rehbein (Hrsg.): *Bourdieu-Handbuch. Leben – Werk – Wirkung*. Stuttgart / Weimar: Metzler. S. 99–103. https://doi.org/10.1007/978-3-476-01379-8_21.
Rehbein, Boike & Saalmann, Gernot (2014b): Habitus (habitus). In: Gerhard Fröhlich & Boike Rehbein (Hrsg.): *Bourdieu-Handbuch. Leben – Werk – Wirkung*. Stuttgart / Weimar: Metzler. S. 110–118. https://doi.org/10.1007/978-3-476-01379-8_23.
Rehbein, Boike & Saalmann, Gernot (2014c): Kapital (capital). In: Gerhard Fröhlich & Boike Rehbein (Hrsg.): *Bourdieu-Handbuch. Leben – Werk – Wirkung*. Stuttgart / Weimar: Metzler. S. 134–140. https://doi.org/10.1007/978-3-476-01379-8_29.
Reimann, Carolin; Schwarz, Judith & Koinzer, Thomas (2020): Leadership and Competition in the Age of Public and Private School Markets. In: *International Journal of Educational Management* 34. https://doi.org/10.1108/IJEM-07-2019-0226.
Ricken, Norbert & Rieger-Ladich, Markus (Hrsg.) (2004): *Michel Foucault: Pädagogische Lektüren*. Wiesbaden: Springer VS. https://doi.org/10.1007/978-3-322-85159-8.
Ricken, Norbert; Rose, Nadine; Kuhlmann, Nele & Otzen, Anne (2017): Die Sprachlichkeit der Anerkennung. Eine theoretische und methodologische Perspektive auf die Erforschung von „Anerkennung". In: *Vierteljahrsschrift für wissenschaftliche Pädagogik* 93(2), S. 193–235. https://doi.org/10.1163/25890581-093-02-90000002.
Rieger-Ladich, Markus (2020): *Bildungstheorien zur Einführung*. 2. Aufl. Hamburg: Junius.
Rödel, Severin Sales (2018): *Negative Erfahrungen und Scheitern im schulischen Lernen. Phänomenologische und videographische Perspektiven*. Wiesbaden: Springer VS. https://doi.org/10.1007/978-3-658-23595-6.
Rohstock, Anne (2013): Bologna als amerikanisches Kind des Kalten Krieges. Westliche Universitäten zwischen institutionellem Erbe und Weltkultur, 1945–2011. In: Marc Fabian Buck & Marcel Kabaum (Hrsg.): *Ideen und Realitäten von Universitäten*. Frankfurt a. M. u. a.: Peter Lang. S. 199–220.

Rosa, Hartmut (2005): *Beschleunigung. Die Veränderung der Zeitstrukturen in der Moderne.* Frankfurt a. M.: Suhrkamp.

Rosa, Hartmut (2016): *Resonanzpädagogik*. 2. Aufl. Weinheim / Basel: Beltz.

Rosa, Hartmut (2018): *Unverfügbarkeit*. Salzburg: Residenz.

Rosa, Hartmut (2019): *Resonanz. Eine Soziologie der Weltbeziehung*. Berlin: Suhrkamp.

Rose, Nadine (2018): Erziehungswissenschaftliche Subjektivierungsforschung als Adressierungsanalyse. In: Alexander Geimer; Steffen Amling & Saša Bosančić (Hrsg.): *Subjekt und Subjektivierung. Empirische und theoretische Perspektiven auf Subjektivierungsprozesse*. Wiesbaden: Springer VS. S. 65–86. https://doi.org/10.1007/978-3-658-22313-7_4.

Sarasin, Philipp (2020): *Michel Foucault zur Einführung*. Hamburg: Junius.

Schimank, Uwe (2008): Ökonomisierung der Hochschulen: eine Makro-Meso-Mikro-Perspektive. In: Karl-Siegbert Rehberg (Hrsg.): *Die Natur der Gesellschaft: Verhandlungen des 33. Kongresses der Deutschen Gesellschaft für Soziologie in Kassel 2006*. Teilbd. 1 u. 2. Frankfurt a. M.: Campus. S. 622–635. https://nbn-resolving.org/urn:nbn:de:0168-ssoar-153199.

Schimank, Uwe (2018): Die Ökonomisierung des Nicht-Ökonomischen. In: *Neue Praxis* 18(1), S. 3–15.

Schimank, Uwe & Volkmann, Ute (2017): *Das Regime der Konkurrenz: Gesellschaftliche Ökonomisierungsdynamiken heute.* Weinheim / Basel: Beltz Juventa.

Schmidt, Christian (2018): *Karl Marx zur Einführung*. Hamburg: Junius.

Schmidt-Lauff, Sabine (2010): Ökonomisierung von Lernzeit. Zeit in der betrieblichen Weiterbildung. In: *Zeitschrift für Pädagogik* 56(3), S. 355–365. https://nbn-resolving.org/urn:nbn:de:0111-opus-71517.

Schneider, Barbara (2006): Innovation. In: Agnieszka Dzierzbicka & Alfred Schirlbauer (Hrsg.): *Pädagogisches Glossar der Gegenwart. Von Autonomie bis Wissensmanagement*. 2. Aufl. Wien: Löcker. S. 146–153.

Schwingel, Markus (2018): *Pierre Bourdieu zur Einführung*. 8. Aufl. Hamburg: Junius.

Sich, Peter (2018): Foucault. *Eine Einführung*. 2. Aufl. Stuttgart. Reclam.

Sjøberg, Svein (2019): The PISA-syndrome – How the OECD has hijacked the way we perceive pupils, schools and education. In: *Confero* 7(1), S. 12–65. https://doi.org/10.3384/confero.2001-4562.190125.

Solga, Heike & Dombrowski, Rosine (2009): *Soziale Ungleichheiten in schulischer und außerschulischer Bildung. Stand der Forschung und Forschungsbedarf*. Arbeitspapier 171 der Hans-Böckler-Stiftung. https://web.archive.org/web/20210223084739/https://www.boeckler.de/pdf/p_arbp_171.pdf (Abbild der Webseite vom 23.02.2021).

Spektrum (2005): *„Humankapital" ist Unwort des Jahres 2004*. https://web.archive.org/web/20170926195642/https://www.spektrum.de/news/humankapital-ist-unwort-des-jahres-2004/770531 (Abbild der Webseite vom 26.09.2017).

Steiner-Khamsi, Gita & Waldow, Florian (Hrsg.) (2012): *World Yearbook of Education 2012. Policy Borrowing and Lending in Education*. London: Routledge. https://doi.org/10.4324/9780203137628.

Tabatt-Hirschfeldt, Andrea (2018): Die Ökonomisierung der Sozialen Arbeit und der Umgang damit. In: Ludger Kolhoff & Klaus Grunwald (Hrsg.): *Aktuelle Diskurse in der Sozialwirtschaft I. Perspektiven Sozialwirtschaft und Sozialmanagement*. Wiesbaden: Springer VS. S. 89–110. https://doi.org/10.1007/978-3-658-20319-1_6.

Tenorth, Heinz-Elmar (2020): *Die Rede von Bildung. Tradition, Praxis, Geltung – Beobachtungen aus der Distanz*. Stuttgart: Metzler. https://doi.org/10.1007/978-3-476-05669-6.

Virilio, Paul (1980/1977): *Geschwindigkeit und Politik. Ein Essay zur Dromologie*. Berlin: Merve.

Waldmann, Maximilian & Walgenbach, Katharina (2020): Digitalisierung der Hochschulbildung. Eine kritische Analyse von Learning-Analytics-Architekturen am Beispiel von Dashboards. In: *Zeitschrift für Pädagogik* 66(3), S. 357–372.

Walgenbach, Katharina (2017), Bildungsprivilegien im 21. Jahrhundert. In: Meike Sophia Baader & Tatjana Freytag (Hrsg.): *Bildung und Ungleichheit in Deutschland*. Wiesbaden: Springer VS. S. 513–536. https://doi.org/10.1007/978-3-658-14999-4_25.

Walgenbach, Katharina (Hrsg.) (2019): *Bildung und Gesellschaft im 21. Jahrhundert. Zur neoliberalen Neuordnung von Staat, Ökonomie und Privatsphäre.* Frankfurt a. M.: Campus.

Weinbach, Christine (2004): *Systemtheorie und Gender. Das Geschlecht im Netz der Systeme*. Wiesbaden: Springer VS. https://doi.org/10.1007/978-3-322-80539-3.

Weiß, Manfred (2002): Stichwort: Bildungsökonomie. In: *Zeitschrift für Erziehungswissenschaft* 5(2), S. 183–200.

Winter, Martin (2012): Wettbewerb im Hochschulwesen. In: *Die Hochschule* 21(2), S. 17–45. https://nbn-resolving.de/urn:nbn:de:0111-pedocs-163053.

Wößmann, Ludger (2015): Die volkswirtschaftliche Bedeutung von Bildung. In: *Dossier Bildung, hrsg. von der Bildungszentrale für politische Bildung (BPB).* https://web.archive.org/web/20200918165050/https://www.bpb.de/gesellschaft/bildung/zukunft-bildung/199450/volkswirtschaft-und-bildung (Abbild der Webseite vom 18.09.2020).

Wrana, Daniel (2016): *Ökonomisierung und/oder Pädagogisierung der Weiterbildung. Überarbeitete und durch Literaturverweise ergänzte Fassung des Vortrags im Panel Weiterbildung und Gouvernementalität auf dem DGFE-Kongress 2006 in Frankfurt a. M.* https://web.archive.org/web/20221006155607/https://ams-forschungsnetzwerk.at/downloadpub/wrana.pdf (Abbild der Webseite vom 10.06.2022).